PAPA FRANCISCO

LA IGLESIA
DE LA
MISERICORDIA

Con la colaboración de
Giuliano Vigini

ORIGEN

Título original:
La Chiesa Della Misericordia

Primera edición en ORIGEN: marzo de 2018

© 2014 Edizioni San Paolo s. r. l.
Piazza Soncino, 5-20092 Cinisello Balsamo (Milano)
www.edizionisanpaolo.it

© 2014 Periodici San Paolo s. r. l.
Via Giotto, 36-20145 Milano
www.famigliacristiana.it

© 2014 Libreria Editrice Vaticana
00120 Città del Vaticano
www.libreriaeditricevaticana.com

© 2018, Penguin Random House Grupo Editorial USA, LLC.
8950 SW 74th Court, Suite 2010
Miami, FL 33156

www.librosorigen.com

Traducción del *Prólogo* y la *Cronología esencial de la vida*:
Davide Sala y Américo Badillo-Veiga
Foto de cubierta: Giuseppe Ciccia/Pacific Press/LightRocket via Getty Images

ISBN: 978-1-947783-23-2

Impreso en Estados Unidos – *Printed in USA*

Penguin
Random House
Grupo Editorial

ÍNDICE

PRÓLOGO

A un año de distancia del comienzo del pontificado, el diseño eclesial y pastoral del papa Francisco aparece bien delineado en sus líneas de fondo. Si desde el principio resultó claro – en sus palabras, gestos y decisiones tomadas – la perspectiva y la marca que Francisco quería dar a su magisterio, con el paso de los meses su visión se amplía y la consolida paso a paso, hasta convertirse en el horizonte abierto de un nuevo curso en la vida de la Iglesia. Con la Exhortación Apostólica *Evangelii gaudium* (24 de noviembre de 2013), el Papa finalmente recoge en una amplia y orgánica síntesis los puntos esenciales de tal diseño, escribiendo de hecho la *magna carta* de la acción programática de los próximos años. En las palabras de la Exhortación –que para la articulación del cuadro de conjunto y la riqueza de los contenidos expuestos se configura más bien como una verdadera Encíclica– está presente el perfil y el llamado del rostro misionero de la Iglesia y, sobre todo, la nueva forma de «ser Iglesia» que el Papa anima, para una anunciación y un testimonio cristiano siempre más fiel al Evangelio.

Francisco, por cierto, está consciente –como recordó también al episcopado brasileño (27 de julio de 2013) mencionando el *Documento de Aparecida*– de que los pobres pescadores de la iglesia tienen barcos frágiles y redes remendadas, y que a menudo, a pesar de la fatiga, no alcanzan a recoger nada. Pero, a la vez está consciente del mismo modo que, siendo siempre Dios que actúa y lleva a cumplir, la fuerza de la Iglesia no descansa en las capacidades de sus hombres y sus medios –los unos y los otros débiles e insuficientes– esa fuerza «se esconde en las aguas profundas de Dios, en las cuales ella es llamada a echar sus redes».

Cómo echar las redes es el núcleo central de la predicación y de la misión apostólica de Francisco. Esta recopilación de artículos presenta, en sus líneas esenciales, el marco en el que aparece plasmado el sentido de un recorrido eclesial y pastoral bien definido, el de Francisco, caracterizado antes que todo por aquella palabra clave –casi un letrero que indica la dirección a seguir– que desde el título ha sido puesta como el sello y la clave de todo: la misericordia. La Iglesia de Francisco por lo tanto quiere ser reconocida, antes que por otro aspecto, como la casa de la misericordia que, en el diálogo entre la debilidad de los seres humanos y la paciencia de Dios, acoge, acompaña, ayuda a encontrar la «buena noticia» de la gran esperanza cristiana. Quien entra en esta casa y se deja envolver por la misericordia de Dios, además de no sentirse solo y abandonado a sí mismo, descubre en qué consiste el sentido de una existencia plena, iluminada por la fe y el amor del Dios viviente: el Cristo muerto, resucitado y siempre presente en su Iglesia. Quien lo encuentra y se queda con Él aprende la gramática de la vida cristiana: en primer lugar, la necesidad del perdón y de la reconciliación, de la fraternidad y del amor que los cristianos están llamados a manifestar en el mundo como testigos gozosos de la misericordia de Dios. Testigos no sólo para expresar sentimientos de comprensión, compasión y cercanía con quienes viven en situaciones de sufrimiento físico o moral; también testigos para comprometerse, conocer y compartir profundamente, en su circunstancia y realidad a quienes con toda la ternura, la magnanimidad y la solidaridad asumen, hasta el

11

final, las penas y las dificultades de los demás, llevando consolación, esperanza y el coraje de perseverar en el camino del Señor y de la vida.

La novedad cristiana es el mismo Cristo; las suyas son palabras de salvación y de vida, porque Él es la salvación y la vida. En las iglesias confesamos esta verdad esencial de fe, y cada uno, tomándola en la plenitud de la vida sacramental, encuentra la orientación y el soporte para vivir como cristiano, poniéndose a sí mismo la meta de la santidad. Las etapas hacia esta meta son la escucha, la anunciación y el testimonio del Evangelio. Como se evidencia por la teología en acción del papa Francisco, el cristiano a tiempo completo no es quien se queda sentado mirándose en el espejo de su fe o discutiéndola en una mesa, sino quien sale de sí mismo, toma con coraje su cruz y va por los caminos a compartir con todos el gozo del Evangelio. Evangelizar es en primer lugar este movimiento de conversión, salida y camino que Francisco no se cansa nunca de recomendar a todos: empezando por los sacerdotes, «ungidos para ungir», llamados a acoger y a servir, exhortados a no tener miedo de andar hacia las fronteras y las periferias de la existencia, allá donde están los pobres, los marginados, los últimos.

La atención a los pobres –material, espiritual o humanamente pobres– no nace, antes de todo, del hecho de que ellos sean un problema económico o social o pastoral, sino de la fundamental conciencia que el Dios-Amor, que se hizo pobre entre los pobres, ha guardado un lugar privilegiado en su vida y en su ministerio para ellos. La «Iglesia pobre para los pobres» del papa Francisco es finalmente un principio-guía que orienta y califica en sentido evangélico la opción por la pobreza y el servicio a los pobres, continuando en esto la admirable historia de la caridad de la Iglesia que a través de los siglos siempre ha sido instrumento de liberación, inclusión y promoción de los pobres, en la perspectiva de la libertad y del amor de Cristo que no ofrece solamente una solidaridad concreta, estable y generosa, sino se hace activamente a cargo de afirmar también la dignidad de la persona, de perseguir la injusticia, de construir la civilización que tenga plenamente título de ser llamada «humana».

Aquí entra por obligación la visión eclesial y pastoral de Francisco, su idea del ser humano y de sociedad. Un discurso articulado, el suyo, que camina en paralelo e interactúa; un discurso directo y fuerte, que sacude las consciencias para golpear el corazón «endurecido» de una sociedad cerrada a la cultura del encuentro y del bien, presupuesto indispensable de la fraternidad y de la paz del vivir. Pues mientras no se destruyan los ídolos que tienen el nombre de poder, dinero, corrupción, carrerismo, egoísmo, indiferencia, en una palabra, «espíritu mundano», es imposible seguir en la dirección deseada de un mundo mejor.

Todos estos conceptos, reiterados con frecuencia hasta el día de hoy, tratados con amplitud y eficacia de síntesis en la Exhortación *Evangelii gaudium* también, indican actitudes a remover y obligaciones pastorales a asumir como horizonte prioritario del camino de la Iglesia. En este esfuerzo es el mismo papa Francisco quien con su palabra y su ejemplo, ha tomado la iniciativa. Su objetivo es hacer comprender que no puede existir un cristianismo auténtico y creíble, vivido según el espíritu del Evangelio, si la realidad de cada persona y de las comunidades cristianas está marcada por una fe dormida y cansada, sin latidos de vida; si se estanca dentro las murallas de los corazones o de los templos; si la Iglesia enferma o envejece porque se ha acostumbrado a mirar adentro de sí misma en lugar de abrir las puertas y enfrentar los desafíos del mundo, aunque tenga que correr el riesgo de caer o de incurrir en algún accidente en la ruta. Desde aquí llegan sus incesantes llamados a eliminar la pesadez y la calcificación, las hipocresías y las faltas que minan la credibilidad del testimonio cristiano, así como llegan al mismo tiempo sus reclamos, su voluntad decidida a reformar y renovar las estructuras de la Iglesia para hacerla más idónea a los fines a perseguir y a las funciones a desarrollar.

Básicamente, se trata de purificar, renovar y revitalizar la vida de la Iglesia, en un discernimiento eclesial y pastoral que le permita encontrar nuevamente la esencia de su mandato misionero, iluminada por el Espíritu Santo y con la intercesión de María, madre del evangelizador.

GIULIANO VIGINI

I

LA NOVEDAD DE CRISTO

El abrazo de la misericordia de Dios

Qué hermosa es esta realidad de fe para nuestra vida: la *misericordia* de Dios. Un amor tan grande, tan profundo el que Dios nos tiene, un amor que no decae, que siempre aferra nuestra mano y nos sostiene, nos levanta, nos guía.

En el Evangelio de Juan (20,19-28), el apóstol Tomás experimenta precisamente esta misericordia de Dios, que tiene un rostro concreto, el de Jesús, el de Jesús resucitado. Tomás no se fía de lo que dicen los otros apóstoles: «Hemos visto el Señor»; no le basta la promesa de Jesús, que había anunciado: al tercer día resucitaré. Quiere ver, quiere meter su mano en la señal de los clavos y del costado. ¿Cuál es la reacción de Jesús? La *paciencia*:

Jesús no abandona al terco Tomás en su incredulidad; le da una semana de tiempo, no le cierra la puerta, espera. Y Tomás reconoce su propia pobreza, la poca fe: «Señor mío y Dios mío»: con esta invocación simple, pero llena de fe, responde a la paciencia de Jesús. Se deja envolver por la misericordia divina, la ve ante sí, en las heridas de las manos y de los pies, en el costado abierto, y recobra la confianza: es un hombre nuevo, ya no es incrédulo sino creyente.

Y recordemos también a Pedro: que tres veces reniega de Jesús precisamente cuando debía estar más cerca de él; y cuando toca fondo encuentra la mirada de Jesús que, con paciencia, sin palabras, le dice: «Pedro, no tengas miedo de tu debilidad, confía en mí»; y Pedro comprende, siente la mirada de amor de Jesús y llora. Qué hermosa es esta mirada de Jesús –cuánta ternura–. Hermanos y hermanas, no perdamos nunca la confianza en la paciente misericordia de Dios.

Pensemos en los dos discípulos de Emaús: el rostro triste, un caminar errante, sin esperanza. Pero Jesús no les abandona: recorre a su lado el camino, y no solo. Con paciencia explica las Escrituras que se referían a Él y se detiene a compartir con ellos la comida. Éste es el estilo de Dios: no es impaciente como nosotros, que frecuentemente queremos todo y enseguida, también con las personas. Dios es paciente con nosotros porque nos ama, y quien ama comprende, espera, da confianza, no abandona, no corta los puentes, sabe perdonar. Recordémoslo en nuestra vida de cristianos: Dios nos espera siempre, aun cuando nos hayamos alejado. Él no está nunca lejos, y si volvemos a Él, está preparado para abrazarnos.

A mí me produce siempre una gran impresión releer la parábola del Padre misericordioso, me impresiona porque me infunde siempre una gran esperanza. Pensad en aquel hijo menor que estaba en la casa del Padre, era amado; y aun así quiere su parte de la herencia; y se va, lo gasta todo, llega al nivel más bajo, muy lejos del Padre; y cuando ha tocado fondo, siente la nostalgia del calor de la casa paterna y vuelve. ¿Y el Padre? ¿Había olvidado al Hijo? No, nunca. Está allí, lo ve desde lejos, lo estaba esperando cada día, cada momento: ha estado siempre en su corazón como hijo, incluso cuando lo había abandonado, incluso cuando había dilapidado todo el patrimonio, es decir su libertad. El Padre con paciencia y amor, con esperanza y misericordia no había dejado ni un momento de pensar en él, y en cuanto lo ve, todavía lejano, corre a su encuentro y lo abraza con

19

ternura, la ternura de Dios, sin una palabra de reproche: Ha vuelto. Y esta es la alegría del padre. En ese abrazo al hijo está toda esta alegría: ¡Ha vuelto! Dios siempre nos espera, no se cansa. Jesús nos muestra esta paciencia misericordiosa de Dios para que recobremos la confianza, la esperanza, siempre. Un gran teólogo alemán, Romano Guardini, decía que Dios responde a nuestra debilidad con su paciencia y éste es el motivo de nuestra confianza, de nuestra esperanza (cf. *Glaubenserkenntnis*, Würzburg 1949, 28). Es como un diálogo entre nuestra debilidad y la paciencia de Dios, es un diálogo que si lo hacemos, nos da esperanza.

Quisiera subrayar otro elemento: la paciencia de Dios debe encontrar en nosotros *la valentía de volver a Él*, sea cual sea el error, sea cual sea el pecado que haya en nuestra vida. Jesús invita a Tomás a meter su mano en las llagas de sus manos y de sus pies y en la herida de su costado. También nosotros podemos entrar en las llagas de Jesús, podemos tocarlo realmente; y esto ocurre cada vez que recibimos los sacramentos. San Bernardo, en una bella homilía, dice: «A través de estas hendiduras, puedo libar miel silvestre y aceite de rocas de pedernal (cf. *Dt* 32,13), es decir, puedo gustar y ver qué bueno es el Señor» (*Sermón* 61, 4. Sobre el libro del Cantar de los cantares). Es precisamente en las heridas de Jesús que nosotros estamos seguros, ahí se manifiesta el amor inmenso de su corazón. Tomás lo había entendido. San Bernardo se pregunta: ¿En qué puedo poner mi confianza? ¿En mis méritos? Pero «mi único mérito es la misericordia de Dios. No seré pobre en méritos, mientras él no lo sea en misericordia. Y, porque la misericordia del Señor es mucha, muchos son también mis méritos» (*ibid*, 5). Esto es importante: la valentía de confiarme a la misericordia de Jesús, de confiar en su paciencia, de refugiarme siempre en las heridas de su amor. San Bernardo llega a afirmar: «Y, aunque tengo conciencia de mis muchos pecados, si creció el pecado, más desbordante fue la gracia (*Rm* 5,20)» (*ibid*.). Tal vez alguno de nosotros puede pensar: mi pecado es tan grande, mi lejanía de Dios es como la del hijo menor de la parábola, mi incredulidad es como la de Tomás; no tengo las agallas para volver, para pensar que Dios pueda acogerme y que me esté esperando precisamente a mí. Pero Dios te espera precisamente a ti, te pide sólo el valor de regresar a Él. Cuántas veces en mi ministerio pastoral me han repetido: «Padre, tengo muchos pecados»; y la invitación que he hecho siempre es: «No temas, ve con Él, te está esperando, Él hará todo». Cuántas propuestas mundanas sentimos a nuestro alrededor. Dejémonos, sin embargo, aferrar por la propuesta de Dios, la suya es una caricia de amor. Para Dios no somos números, somos importantes, es más somos lo más importante que tiene; aun siendo pecadores, somos lo que más le importa.

La luz de la fe

Es urgente recuperar el carácter luminoso propio de la fe, pues cuando su llama se apaga, todas las otras luces acaban languideciendo. Y es que la característica propia de la luz de la fe es la capacidad de iluminar *toda* la existencia del hombre. Porque una luz tan potente no puede provenir de nosotros mismos; ha de venir de una fuente más primordial, tiene que venir, en definitiva, de Dios. La fe nace del encuentro con el Dios vivo, que nos llama y nos revela su amor, un amor que nos precede y en el que nos podemos apoyar para estar seguros y construir la vida. Transformados por este amor, recibimos ojos nuevos, experimentamos que en él hay una gran promesa de plenitud y se nos abre la mirada al futuro. La fe, que recibimos de Dios como don sobrenatural, se presenta como luz en el sendero, que orienta nuestro camino en el tiempo. Por una parte, procede del pasado; es la luz de una memoria fundante, la memoria de la vida de Jesús, donde su amor se ha manifestado totalmente fiable, capaz de vencer a la muerte. Pero, al mismo tiempo, como Jesús ha resucitado y nos atrae más allá de la muerte, la fe es luz que viene del futuro, que nos desvela vastos horizontes, y nos lleva más allá de nuestro «yo» aislado, hacia la más amplia comunión. Nos damos cuenta, por tanto, de que la fe no habita en la oscuridad, sino que es luz en nuestras tinieblas.

La luz del amor, propia de la fe, puede iluminar los interrogantes de nuestro tiempo en cuanto a la verdad. A menudo la verdad queda hoy reducida a la autenticidad subjetiva del individuo, válida sólo para la vida de cada uno. Una verdad común nos da miedo, porque la identificamos con la imposición intransigente de los totalitarismos. Sin embargo, si es la verdad del amor, si es la verdad que se desvela en el encuentro personal con el Otro y con los otros, entonces se libera de su clausura en el ámbito privado para formar parte del bien común. La verdad de un amor no se impone con la violencia, no aplasta a la persona. Naciendo del amor puede llegar al corazón, al centro personal de cada hombre. Se ve claro así que la fe no es intransigente, sino que crece en la convivencia que respeta al otro. El creyente no es arrogante; al contrario, la verdad le hace humilde, sabiendo que, más que poseerla él, es ella la que le abraza y le posee. En lugar de hacernos intolerantes, la seguridad de la fe nos pone en camino y hace posible el testimonio y el diálogo con todos.

El mensaje cristiano

En el Evangelio de esta noche luminosa de la Vigilia Pascual, encontramos primero a las mujeres que van al sepulcro de Jesús, con aromas para ungir su cuerpo (cf. Lc 24,1-3). Van para hacer un gesto de compasión, de afecto, de amor; un gesto tradicional hacia un ser querido difunto, como hacemos también nosotros. Habían seguido a Jesús. Lo habían escuchado, se habían sentido comprendidas en su dignidad y lo habían acompañado hasta el final, en el Calvario y en el momento en que fue bajado de la cruz. Podemos imaginar sus sentimientos cuando van a la tumba: una cierta tristeza, la pena porque Jesús les había dejado, había muerto, su historia había terminado. Ahora se volvía a la vida de antes. Pero en las mujeres permanecía el amor, y es el amor a Jesús lo que les impulsa a ir al sepulcro. Pero, a este punto, sucede algo totalmente inesperado, una vez más, que perturba sus corazones, trastorna sus programas y alterará su vida: ven corrida la piedra del sepulcro, se acercan, y no encuentran el cuerpo del Señor. Esto las deja perplejas, dudosas, llenas de preguntas: «¿Qué es lo que ocurre?», «¿qué sentido tiene todo esto?» (cf. Lc 24,4). ¿Acaso no nos pasa así también a nosotros cuando ocurre algo verdaderamente nuevo respecto a lo de todos los días? Nos quedamos parados, no lo entendemos, no sabemos cómo afrontarlo. A menudo, la *novedad* nos da miedo, también la novedad que Dios nos trae, la novedad que Dios nos pide. Somos como los apóstoles del Evangelio: muchas veces preferimos mantener nuestras seguridades, pararnos ante una tumba, pensando en el difunto, que en definitiva sólo vive en el recuerdo de la historia, como los grandes personajes del pasado. Tenemos miedo de las sorpresas de Dios. Queridos hermanos y hermanas, en nuestra vida, tenemos miedo de las sorpresas de Dios. Él nos sorprende siempre. Dios es así.

Hermanos y hermanas, no nos cerremos a la novedad que Dios quiere traer a nuestras vidas. ¿Estamos acaso con frecuencia cansados, decepcionados, tristes; sentimos el peso de nuestros pecados, pensamos que no lo podemos conseguir? No nos encerremos en nosotros mismos, no perdamos la confianza, nunca nos resignemos: no hay situaciones que Dios no pueda cambiar, no hay pecado que no pueda perdonar si nos abrimos a él.

Pero volvamos al Evangelio, a las mujeres, y demos un paso hacia adelante. Encuentran la tumba vacía, el cuerpo de Jesús no está allí, algo nuevo ha sucedido, pero todo esto todavía no queda nada claro: suscita interrogantes, causa perplejidad, pero sin ofrecer una respuesta. Y he aquí dos hombres con vestidos resplandecientes, que dicen: «¿Por qué buscáis entre los muertos al que vive? No está aquí, ha resucitado» (Lc 24,5-6). Lo que era un simple gesto, algo hecho ciertamente por amor –el ir al sepulcro–, ahora se transforma en acontecimiento, en un evento que cambia verdaderamente la vida. Ya nada es como antes, no sólo en la vida de aquellas mujeres, sino también en nuestra vida y en nuestra historia de la humanidad. Jesús no está muerto, ha resucitado, es *¡el Viviente!* No es simplemente que haya vuelto a vivir, sino que es la vida misma, porque es el Hijo de Dios, que es el que vive (cf. Nm 14,21-28; Dt 5,26, Jos 3,10). Jesús ya no es del pasado, sino que vive en el presente y está proyectado hacia el futuro, Jesús es el «hoy» eterno de Dios. Así, la novedad de Dios se presenta ante los ojos de las mujeres, de los discípulos, de todos nosotros: la victoria sobre el pecado, sobre el mal, sobre la muerte, sobre todo lo que oprime la vida, y le da un rostro menos humano. Y este es un mensaje para mí, para ti, querida hermana y querido hermano. Cuántas veces tenemos necesidad de que el Amor nos diga: ¿Por qué buscáis entre los muertos al que está vivo? Los problemas, las preocupaciones de la vida cotidiana tienden a que nos encerremos en nosotros mismos, en la tristeza, en la amargura... y es ahí donde está la muerte. No busquemos ahí a Aquel que vive.

Acepta entonces que Jesús Resucitado entre en tu vida, acógelo como amigo, con confianza: ¡Él es la vida! Si hasta ahora has estado lejos de él, da un pequeño paso: te acogerá con los brazos abiertos. Si eres indiferente, acepta arriesgar: no quedarás decepcionado. Si te parece difícil seguirlo, no tengas miedo, confía en él, ten la seguridad de que él está cerca de ti, está contigo, y te dará la paz que buscas y la fuerza para vivir como él quiere.

La revolución de la libertad

El Apóstol Pablo en un pasaje de su Carta a los Romanos se dirige a nuestros antepasados con estas palabras: ya no estáis bajo la ley, sino bajo la gracia (cf. Rm 6,14). Y esta es nuestra vida: caminar bajo la gracia, porque el Señor nos ha amado, nos ha salvado, nos ha perdonado. Todo lo ha hecho el Señor, y esta es la gracia, la gracia de Dios. Nosotros estamos en camino bajo la gracia de Dios, que ha venido entre nosotros, en Jesucristo que nos ha salvado. Pero esto nos abre a un horizonte grande y es para nosotros alegría. «Vosotros ya no estáis bajo la ley, sino bajo la gracia». Y ¿qué significa este «vivir bajo la gracia»? Procuraremos explicar algo de qué significa vivir bajo la gracia. Es nuestra alegría, es nuestra libertad. Nosotros somos libres. ¿Por qué? Porque vivimos bajo la gracia. Nosotros ya no somos esclavos de la ley: somos libres porque Jesucristo nos ha liberado, nos ha dado la libertad, esa libertad plena de hijos de Dios, que vivimos bajo la gracia. Esto es un tesoro. Intentaré explicar un poco este misterio tan bello, tan grande: vivir bajo la gracia [...].

El Bautismo, este pasar de «bajo la ley» a «bajo la gracia», es una revolución. Son muchos los revolucionarios en la historia, han sido muchos. Pero ninguno ha tenido la fuerza de esta revolución que nos trajo Jesús: una revolución para transformar la historia, una revolución que cambia en profundidad el corazón del hombre. Las revoluciones de la historia han cambiado los sistemas políticos, económicos, pero ninguna de ellas ha modificado verdaderamente el corazón del hombre. La verdadera revolución, la que transforma radicalmente la vida, la realizó Jesucristo a través de su Resurrección: la Cruz y la Resurrección. Y Benedicto XVI decía, de esta revolución, que «es la mutación más grande de la historia de la humanidad». Pensemos en esto: es la mayor mutación de la historia de la humanidad, es una verdadera revolución y nosotros somos revolucionarias y revolucionarios de esta revolución, porque nosotros vamos por este camino de la mayor mutación de la historia de la humanidad. Un cristiano, si no es revolucionario, en este tiempo, ¡no es cristiano! ¡Debe ser revolucionario por la gracia! Precisamente la gracia que el Padre nos da a través de Jesucristo crucificado, muerto y resucitado, hace de nosotros revolucionarios, pues —cito de nuevo a Benedicto— «es la mutación más grande de la historia de la humanidad». Porque cambia el corazón. El profeta Ezequiel lo decía: «Arrancaré de vosotros el corazón de piedra y os daré un corazón de carne». Y esta es la experiencia que vive el Apóstol Pablo: después de haber encontrado a Jesús en el camino de Damasco, cambia radicalmente su perspectiva de vida y recibe el Bautismo. ¡Dios transforma su corazón! Pero pensad: un perseguidor, uno que iba tras la Iglesia y los cristianos, se convierte en un santo, en un cristiano hasta la médula, ¡justamente un cristiano verdadero! Antes es un violento perseguidor; ahora se convierte en un apóstol, un testigo valiente de Jesucristo, hasta el punto de no tener miedo de sufrir el martirio. Aquel Saulo que quería matar a quien anunciaba el Evangelio, al final da su vida por anunciar el Evangelio. Es este el cambio, la mutación más grande de la que nos hablaba el Papa Benedicto. Te cambia el corazón; de pecador —de pecador: todos somos pecadores— te transforma en santo. ¿Alguno de nosotros no es pecador? Si hubiera alguno, ¡que levante la mano! Todos somos pecadores, ¡todos! ¡Todos somos pecadores! Pero la gracia de Jesucristo nos salva del pecado: ¡nos salva! Todos, si acogemos la gracia de Jesucristo, Él cambia nuestro corazón y de pecadores nos hace santos. Para llegar a ser santos no es necesario volver los ojos y mirar allá, o tener un poco cara de estampita. No, no, ¡no es necesario esto! Una sola cosa es necesaria para hacerse santos: acoger la gracia que el Padre nos da en Jesucristo. Esto es. Esta gracia cambia nuestro corazón. Nosotros seguimos siendo pecadores, porque todos somos débiles, pero también con esta gracia que nos hace sentir que el Señor es bueno, que el Señor es misericordioso, que el Señor nos espera, que el Señor nos perdona, esta gracia grande, cambia nuestro corazón.

Estar con Cristo

Hablaré de tres cosas: uno, dos y tres, como hacían los viejos jesuitas… Uno, dos y tres.

1. Ante todo, caminar desde Cristo significa *tener familiaridad con él, tener esta familiaridad con Jesús*: Jesús insiste sobre esto a sus discípulos en la Última Cena, cuando se apresta a vivir el más alto don de amor, el sacrificio de la cruz. Jesús usa la imagen de la vid y los sarmientos, y dice: Permanezcan en mi amor, permanezcan unidos a mí, como el sarmiento está unido a la vid. Si estamos unidos a Él, podemos dar fruto, y ésta es la familiaridad con Cristo. ¡Permanecer en Jesús! Se trata de permanecer unidos a Él, dentro de Él, con Él, hablando con Él: permanecer en Jesús.

Para un discípulo, lo primero es estar con el Maestro, escucharle, aprender de él. Y esto vale siempre, es un camino que dura toda la vida. Me acuerdo de haber visto tantas veces, cuando estaba en la diócesis que tenía antes, a los catequistas salir de los cursos del seminario catequístico, diciendo: "¡Ya tengo el título de catequista!". Eso no vale, no tienes nada, has dado un pequeño paso. ¿Quién te ayudará? ¡Esto vale siempre! No es un título, es una actitud: estar con Él, y dura toda la vida. Se trata de estar en la presencia del Señor, de dejarse mirar por Él. Y les pregunto: ¿Cómo están ustedes en la presencia del Señor? Cuando vas a la Iglesia, miras el Sagrario, ¿qué hacéis? Sin palabras... Pero yo hablo y hablo, pienso, medito, siento... ¡Muy bien! Pero, ¿te dejas mirar por el Señor? Dejarse mirar por el Señor. Él nos mira y ésta es una manera de rezar. ¿Te dejas mirar por el Señor? ¿Cómo se hace? Miras el Sagrario y te dejas mirar... Así de sencillo. Es un poco aburrido, me duermo... ¡Duérmete, duérmete! De todas formas Él te mirará, igualmente te mirará. Pero tienes la certeza de que Él te mira. Y esto es mucho más importante que el título de catequista: forma parte del "ser" catequista. Esto caldea el corazón, mantiene encendido el fuego de la amistad con el Señor, te hace sentir que verdaderamente te mira, está cerca de ti y te ama. En una de las salidas que he hecho, aquí en Roma, en una Misa, se me acercó un señor, relativamente joven, y me dijo: "Padre, encantado de conocerlo, pero yo no creo en nada. No tengo el don de la fe". Había entendido que era un don. "No tengo el don de la fe. ¿Qué me dice usted?". "No te desanimes. Él te ama. Déjate mirar por Él. Solamente eso". Y lo mismo les digo a ustedes: Déjense mirar por el Señor. Comprendo que para ustedes no sea tan sencillo: es difícil encontrar un tiempo prolongado de calma, especialmente para quienes están casados y tienen hijos. Pero, gracias a Dios, no es necesario que todos lo hagan de la misma manera; en la Iglesia hay variedad de vocaciones y variedad de formas espirituales; lo importante es encontrar el modo adecuado *para estar con el Señor*; y esto se puede hacer; es posible en todos los estados de vida. En este momento, cada uno puede preguntarse: ¿Cómo vivo yo este «estar» con Jesús? Ésta es una pregunta que les dejo: "¿Cómo vivo yo este estar con Jesús, este permanecer con Él?". ¿Hay momentos en los que me pongo en su presencia, en silencio, me dejo mirar por él? ¿Dejo que su fuego inflame mi corazón? Si en nuestros corazones no está el calor de Dios, de su amor, de su ternura, ¿cómo podemos nosotros, pobres pecadores, inflamar el corazón de los demás? Piensen en esto.

2. El segundo elemento es el siguiente: *Caminar desde Cristo* significa *imitarlo en el salir de sí e ir al encuentro del otro*. Ésta es una experiencia hermosa

y un poco paradójica. ¿Por qué? Porque quien pone a Cristo en el centro de su vida, se descentra. Cuanto más te unes a Jesús y él se convierte en el centro de tu vida, tanto más te hace Él salir de ti mismo, te descentra y te abre a los demás. Éste es el verdadero dinamismo del amor, éste es el movimiento de Dios mismo. Dios es el centro, pero siempre es don de sí, relación, vida que se comunica… Así nos hacemos también nosotros si permanecemos unidos a Cristo; Él nos hace entrar en esta dinámica del amor. Donde hay verdadera vida en Cristo, hay apertura al otro, hay salida de sí mismo para ir al encuentro del otro en nombre de Cristo. Y ésta es la tarea del catequista: salir continuamente de sí por amor, para dar testimonio de Jesús y hablar de Jesús, predicar a Jesús. Esto es importante porque lo hace el Señor: es el mismo Señor quien nos apremia a salir.

El corazón del catequista vive siempre este movimiento de «sístole y diástole»: unión con Jesús y encuentro con el otro. Son las dos cosas: me uno a Jesús y salgo al encuentro con los otros. Si falta uno de estos dos movimientos, ya no late, no puede vivir. Recibe el don del kerigma, y a su vez lo ofrece como don. Esta palabrita: don. El catequista es consciente de haber recibido un don, el don de la fe, y lo da como don a los otros. Y esto es hermoso. ¡Y no se queda para sí su tanto por ciento! Todo lo que recibe lo da. No se trata de un negocio. No es un negocio. Es puro don: don recibido y don transmitido. Y el catequista se encuentra allí, en ese intercambio del don. La naturaleza misma del kerigma es así: es un don que genera la misión, que empuja siempre más allá de uno mismo. San Pablo decía: «El amor de Cristo nos apremia», pero este «nos apremia» también puede traducirse como «nos posee». Así es: el amor te atrae y te envía, te atrapa y te entrega a los demás. En esta tensión se mueve el corazón del cristiano, especialmente el corazón del catequista. Preguntémonos todos: ¿Late así mi corazón de catequista: unión con Jesús y encuentro con el otro? ¿Con este movimiento de "sístole y diástole"? ¿Se alimenta en la relación con Él, pero para llevarlo a los demás y no para quedárselo él? Les digo una cosa: no entiendo cómo un catequista puede permanecer firme sin este movimiento. No lo entiendo.

3. Y el tercer elemento –tres– va siempre en esta línea: *caminar desde Cristo* significa *no tener miedo de ir con Él a las periferias*. Aquí me viene a la memoria la historia de Jonás, una figura muy interesante especialmente en nuestros tiempos de cambio e incertidumbre. Jonás es un hombre piadoso, con una vida tranquila y

ordenada; esto lo lleva a tener sus esquemas muy claros y a juzgar todo y a todos con estos esquemas de manera rígida. Tiene todo claro: la verdad es ésta. Es inflexible. Por eso, cuando el Señor lo llama y le dice que vaya a predicar a Nínive, la gran ciudad pagana, Jonás se resiste. ¡Ir allí! Si yo tengo toda verdad aquí… Se resiste. Nínive está fuera de sus esquemas, se encuentra en la periferia de su mundo. Y entonces huye, se va a España, escapa, se embarca en un barco que zarpa hacia esos lugares. Vayan a leer de nuevo el libro de Jonás. Es breve, pero es una parábola muy instructiva, especialmente para nosotros que estamos en la Iglesia.

¿Qué es lo que nos enseña? Nos enseña a no tener miedo de salir de nuestros esquemas para seguir a Dios, porque Dios va siempre más allá. ¿Saben una cosa? ¡Dios no tiene miedo! ¿Lo sabían? ¡No tiene miedo! ¡Va siempre más allá de nuestros esquemas! Dios no tiene miedo de las periferias. Y si ustedes van a las periferias, allí lo encontrarán. Dios es siempre fiel, es creativo. Por favor, no se entiende un catequista que no sea creativo. Y la creatividad es como la columna vertebral del catequista. Dios es creativo, no está encerrado, y por eso nunca es rígido. Dios no es rígido. Nos acoge, sale a nuestro encuentro, nos comprende. Para ser fieles, para ser creativos, hay que saber cambiar. Saber cambiar. ¿Y para qué tengo que cambiar? Para adecuarme a las circunstancias en las que tengo que anunciar el Evangelio. Para permanecer con Dios, hay que saber salir, no tener miedo de salir. Si un catequista se deja ganar por el temor, es un cobarde; si un catequista se queda impasible, termina siendo una estatua de museo: ¡y tenemos tantos! ¡Tenemos tantos! Por favor, nada de estatuas de museo. Si un catequista es rígido, se hace apergaminado y estéril. Les pregunto: ¿Alguno de ustedes quiere ser un cobarde, una estatua de museo o estéril? ¿Alguno quiere ser así? [Catequistas: No]. ¿No? ¿Seguro? ¡Está bien! Lo que les voy a decir ahora, lo he dicho muchas veces, pero me sale del corazón. Cuando los cristianos nos cerramos en nuestro grupo, en nuestro movimiento, en nuestra parroquia, en nuestro ambiente, nos quedamos cerrados y nos sucede lo que a todo lo que está cerrado; cuando una habitación está cerrada, empieza a oler a humedad. Y si una persona está encerrada en esa habitación, se pone enferma. Cuando un cristiano se cierra en su grupo, en su parroquia, en su movimiento, está encerrado y se pone enfermo. Si un cristiano sale a la calle, a las periferias, puede sucederle lo que a cualquiera que va por la calle: un percance. Muchas veces hemos visto accidentes por las calles. Pero les digo una cosa: prefiero mil veces una Iglesia accidentada, y no una Iglesia enferma. Una Iglesia, un catequista que se atreva a correr el riesgo de salir, y no un catequista que estudie, sepa todo, pero que se quede encerrado siempre: éste está enfermo. Y a veces enfermo de la cabeza…

Pero ¡cuidado! Jesús no dice: vayan y apáñense. ¡No, no dice eso! Jesús dice: Vayan, yo estoy con ustedes. Aquí está nuestra belleza y nuestra fuerza: si vamos, si salimos a llevar su evangelio con amor, con verdadero espíritu apostólico, con parresia, él camina con nosotros, nos precede, nos primerea. El Señor siempre nos primerea. A estas alturas ya han aprendido el significado de esta palabra. Y esto lo dice la Biblia, no lo digo yo. La Biblia dice, el Señor dice en la Biblia: Yo soy como la flor del almendro. ¿Por qué? Porque es la primera que florece en primavera. ¡Él está siempre primero! ¡Es el primero! Esto es crucial para nosotros: Dios siempre nos precede. Cuando pensamos que vamos lejos, a una extrema periferia, y tal vez tenemos un poco de miedo, en realidad él ya está allí: Jesús nos espera en el corazón de aquel hermano, en su carne herida, en su vida oprimida, en su alma sin fe. Una de las periferias que más dolor me causa y que vi en la diócesis que tenía antes, ¿saben cuál es? La de los niños que no saben santiguarse. En Buenos Aires hay muchos niños que no saben santiguarse. ¡Ésta es una periferia! Hay que abordarla. Jesús está ahí, y te espera, para ayudar a ese niño a santiguarse. Él siempre nos precede.

Queridos catequistas, se han acabado los tres puntos. ¡Siempre caminar desde Cristo! Les doy las gracias por lo que hacen, pero sobre todo porque están en la Iglesia, en el Pueblo de Dios en camino, porque caminan con el Pueblo de Dios. Permanezcamos con Cristo –permanecer en Cristo–, tratemos de ser cada vez más uno con él; sigámoslo, imitémoslo en su movimiento de amor, en su salir al encuentro del hombre; y vayamos, abramos las puertas, tengamos la audacia de trazar nuevos caminos para el anuncio del Evangelio.

II

UNA IGLESIA POBRE
PARA LOS POBRES

Escuchar el grito de los pobres

De nuestra fe en Cristo hecho pobre, y siempre cercano a los pobres y excluidos, brota la preocupación por el desarrollo integral de los más abandonados de la sociedad.

Cada cristiano y cada comunidad están llamados a ser instrumentos de Dios para la liberación y promoción de los pobres, de manera que puedan integrarse plenamente en la sociedad; esto supone que seamos dóciles y atentos para escuchar el clamor del pobre y socorrerlo. Basta recorrer las Escrituras para descubrir cómo el Padre bueno quiere escuchar el clamor de los pobres: «He visto la aflicción de mi pueblo en Egipto, he escuchado su clamor ante sus opresores y conozco sus sufrimientos. He bajado para librarlo [...] Ahora, pues, ve, yo te envío...» (Ex 3,7-8.10). Y, se muestra solícito con sus necesidades: «Entonces los israelitas clamaron al Señor y Él les suscitó un libertador» (Jc3,15). Hacer oídos sordos a ese clamor, cuando nosotros somos los instrumentos de Dios para escuchar al pobre, nos sitúa fuera de la voluntad del Padre y de su proyecto, porque ese pobre «clamaría al Señor contra ti y tú te cargarías con un pecado» (Dt 15,9). Y la falta de solidaridad en sus necesidades afecta directamente a nuestra relación con Dios: «Si te maldice lleno de amargura, su Creador escuchará su imprecación» (Si 4,6). Vuelve siempre la vieja pregunta: «Si alguno que posee bienes del mundo ve a su hermano que está necesitado y le cierra sus entrañas, ¿cómo puede permanecer en él el amor de Dios?» (1 Jn 3,17). Recordemos también con cuánta contundencia el apóstol Santiago retomaba la figura del clamor de los oprimidos: «El salario de los obreros que segaron vuestros campos, y que no habéis pagado, está gritando. Y los gritos de los segadores han llegado a los oídos del Señor de los ejércitos» (5,4).

La Iglesia ha reconocido que la exigencia de escuchar este clamor brota de la misma obra liberadora de la gracia en cada uno de nosotros, por lo cual no se trata de una misión reservada sólo a algunos: «La Iglesia, guiada por el Evangelio de la misericordia y por el amor al ser humano, *escucha el clamor por la justicia* y quiere responder a él con todas sus fuerzas». En este marco se comprende el pedido de Jesús a sus discípulos: «¡Dadles vosotros de comer!» (Mc 6,37), lo cual implica tanto la cooperación para resolver las causas estructurales de la pobreza y para promover el desarrollo integral de los pobres, como los gestos más simples y cotidianos de solidaridad ante las miserias muy concretas que encontramos. La palabra «solidaridad» está un poco desgastada y a veces se la interpreta mal, pero es mucho más que algunos actos esporádicos de generosidad. Supone crear una nueva mentalidad que piense en términos de comunidad, de prioridad de la vida de todos sobre la apropiación de los bienes por parte de algunos.

Para la Iglesia la opción por los pobres es una categoría teológica antes que cultural, sociológica, política o filosófica. Dios les otorga «su primera misericordia». Esta preferencia divina tiene consecuencias en la vida de fe de todos los cristianos, llamados a tener «los mismos sentimientos de Jesucristo» (Flp 2,5). Inspirada en ella, la Iglesia hizo una opción por los pobres entendida como una «forma especial de primacía en el ejercicio de la caridad cristiana, de la cual da testimonio toda la tradición de la Iglesia». Esta opción —enseñaba Benedicto XVI— «está implícita en la fe cristológica en aquel Dios que se ha hecho pobre por nosotros, para enriquecernos con su pobreza». Por eso quiero una Iglesia pobre para los pobres. Ellos tienen mucho que enseñarnos. Además de participar del *sensus fidei*, en sus propios dolores conocen al Cristo sufriente. Es necesario que todos nos dejemos evangelizar por ellos. La nueva evangelización es una invitación a reconocer la fuerza salvífica de sus vidas y a ponerlos en el centro del camino de la Iglesia. Estamos llamados a descubrir a Cristo en ellos, a prestarles nuestra voz en sus causas, pero también a ser sus amigos, a escucharlos, a interpretarlos y a recoger la misteriosa sabiduría que Dios quiere comunicarnos a través de ellos.

Casa de comunión

En el «Credo» nosotros decimos «Creo en la Iglesia, una», o sea, profesamos que la Iglesia es única y esta Iglesia es en sí misma unidad. Pero si miramos a la Iglesia católica en el mundo descubrimos que comprende casi

3.000 diócesis diseminadas en todos los continentes: tantas lenguas, tantas culturas. Aquí hay obispos de muchas culturas distintas, de muchos países. Está el obispo de Sri Lanka, el obispo de Sudáfrica, un obispo de la India, hay tantos aquí... Obispos de América Latina. La Iglesia está difundida en todo el mundo. Con todo, las miles de comunidades católicas forman una unidad. ¿Cómo puede suceder esto?

Una respuesta sintética la encontramos en el *Compendio del Catecismo de la Iglesia Católica*, que afirma: la Iglesia católica difundida en el mundo «tiene una sola fe, una sola vida sacramental, una única sucesión apostólica, una común esperanza y la misma caridad» (n. 161). Es una bella definición, clara, nos orienta bien. Unidad en la fe, en la esperanza, en la caridad, unidad en los sacramentos, en el ministerio: son como los pilares que sostienen y mantienen junto el único gran edificio de la Iglesia. Allí donde vamos, hasta en la más pequeña parroquia, en el ángulo más perdido de esta tierra, está la única Iglesia; nosotros estamos en casa, estamos en familia, estamos entre hermanos y hermanas. Y esto es un gran don de Dios. La Iglesia es una sola para todos. No existe una Iglesia para los europeos, una para los africanos, una para los americanos, una para los asiáticos, una para quien vive en Oceanía, no; es la misma en todo lugar. Es como en una familia: se puede estar lejos, distribuidos por el mundo, pero los vínculos profundos que unen a todos los miembros de la familia permanecen sólidos cualquiera que sea la distancia. Pienso, por ejemplo, en la experiencia de la *Jornada mundial de la juventud* en Río de Janeiro: en aquella inmensa multitud de jóvenes en la playa de Copacabana se oían hablar tantas lenguas, se veían rasgos de rostros muy distintos entre sí, se encontraban culturas diversas, y sin embargo había una profunda unidad, se formaba una única Iglesia, se estaba unidos y así se percibía. Preguntémonos todos: yo, como católico, ¿siento esta unidad? Yo, como católico, ¿vivo esta unidad de la Iglesia? ¿O bien no me interesa, porque estoy cerrado en mi pequeño grupo o en mí mismo? ¿Soy de los que «privatizan» la Iglesia para el propio grupo, la propia nación, los propios amigos? Es triste encontrar una Iglesia «privatizada» por este egoísmo y esta falta de fe. ¡Es triste! Cuando oigo que muchos cristianos en el mundo sufren, ¿soy indiferente o es como si sufriera uno de la familia? Cuando pienso u oigo decir que muchos cristianos son perseguidos y dan hasta la vida por la propia fe, ¿esto toca mi corazón o no me llega? ¿Estoy abierto a ese hermano o a esa hermana de la familia que está dando la vida por Jesucristo? ¿Oramos los unos por los otros? Os hago una pegunta, pero no respondáis en voz alta, sólo en el corazón: ¿cuántos de vosotros rezan por los cristianos que son perseguidos? ¿Cuántos? Que cada uno responda en el corazón. ¿Rezo por ese hermano, por esa hermana que está en dificultad por confesar y defender su fe? Es importante mirar fuera del propio recinto, sentirse Iglesia, única familia de Dios.

Demos otro paso y preguntémonos: ¿hay heridas en esta unidad? ¿Podemos herir esta unidad? Lamentablemente vemos que en el camino de la historia, también ahora, no siempre vivimos la unidad. A veces surgen incomprensiones, conflictos, tensiones, divisiones, que la hieren, y entonces la Iglesia no tiene el rostro que desearíamos, no manifiesta la caridad, lo que quiere Dios. Somos nosotros quienes creamos laceraciones. Y si miramos las divisiones que aún existen entre los cristianos, católicos, ortodoxos, protestantes... sentimos la fatiga de hacer plenamente visible esta unidad. Dios nos dona la unidad, pero a nosotros frecuentemente nos cuesta vivirla. Es necesario buscar, construir la comunión, educar a la comunión, para superar incomprensiones y divisiones, empezando por la familia, por las realidades eclesiales, en el diálogo ecuménico también. Nuestro mundo necesita unidad, es una época en la que todos necesitamos unidad, tenemos necesidad de reconciliación, de comunión; y la Iglesia es Casa de comunión. San Pablo decía a los cristianos de Éfeso: «Yo, el prisionero por el Señor, os ruego que andéis como pide la vocación a la que habéis sido convocados, con toda humildad, dulzura y magnanimidad, sobrellevándoos mutuamente con amor, esforzándoos en mantener la unidad del Espíritu con el vínculo de la paz» (4, 1-3). Humildad, dulzura, magnanimidad, amor para conservar la unidad. Estos, estos son los caminos, los verdaderos caminos de la Iglesia. Oigámoslos una vez más. Humildad contra la vanidad, contra la soberbia; humildad, dulzura, magnanimidad, amor para conservar la unidad. Y continuaba Pablo: un solo cuerpo, el de Cristo que recibimos en la Eucaristía; un solo Espíritu, el Espíritu Santo que anima y continuamente recrea a la Iglesia; una sola esperanza, la vida eterna; una sola fe, un solo Bautismo, un solo Dios, Padre de todos (cf. vv. 4-6). ¡La riqueza de lo que nos une! Y ésta es una verdadera riqueza: lo que nos une, no lo que nos divide. Esta es la riqueza de la Iglesia. Que cada uno se pregunte hoy: ¿hago crecer la unidad en familia, en la parroquia, en comunidad, o soy un hablador, una habladora? ¿Soy motivo de división, de malestar? ¡Pero vosotros no sabéis el daño que hacen a la Iglesia, a las parroquias, a las comunidades, las habladurías! ¡Hacen daño! Las habladurías hieren. Un cristiano, antes de parlotear, debe morderse la lengua. ¿Sí o no? Morderse la lengua: esto nos hará bien, porque la lengua se inflama y no puede hablar y no puede parlotear. ¿Tengo la humildad de remediar con paciencia, con sacrificio, las heridas a la comunión?

Finalmente un último paso con mayor profundidad. Y esta es una bella pregunta: ¿quién es el motor de esta unidad de la Iglesia? Es el Espíritu Santo que todos nosotros hemos recibido en el Bautismo y también en el sacramento de la Confirmación. Es el Espíritu Santo. Nuestra unidad no es primariamente fruto de nuestro consenso, o de la democracia dentro de la Iglesia, o de nuestro esfuerzo de estar de acuerdo, sino que viene de Él que hace la unidad en la diversidad, porque el Espíritu Santo es armonía, siempre hace la armonía en la Iglesia. Es una unidad armónica en mucha diversidad de culturas, de lenguas y de pensamiento. Es el Espíritu Santo el motor. Por esto es importante la oración, que es el alma de nuestro compromiso de hombres y mujeres de comunión, de unidad. La oración al Espíritu Santo, para que venga y construya la unidad en la Iglesia.

Pidamos al Señor: Señor, concédenos estar cada vez más unidos, no ser jamás instrumentos de división; haz que nos comprometamos, como dice una bella oración franciscana, a llevar amor donde hay odio, a llevar perdón donde hay ofensa, a llevar unión donde hay discordia.

Casa que acoge a todos

En el «Credo», después de haber profesado: «Creo en la Iglesia una», añadimos el adjetivo «santa»; o sea, afirmamos la santidad de la Iglesia, y ésta es una característica que ha estado presente desde los inicios en la conciencia de los primeros cristianos, quienes se llamaban sencillamente «los santos» (cf. Hch 9, 13.32.41; Rm 8, 27;1 Co 6, 1), porque tenían la certeza de que es la acción de Dios, el Espíritu Santo quien santifica a la Iglesia.

¿Pero en qué sentido la Iglesia es santa si vemos que la Iglesia histórica, en su camino a lo largo de los siglos, ha tenido tantas dificultades, problemas, momentos oscuros? ¿Cómo puede ser santa una Iglesia formada por seres humanos, por pecadores? ¿Hombres pecadores, mujeres pecadoras, sacerdotes pecadores, religiosas pecadoras, obispos pecadores, cardenales pecadores, Papa pecador? Todos. ¿Cómo puede ser santa una Iglesia así?

Para responder a la pregunta desearía dejarme guiar por un pasaje de la Carta de san Pablo a los cristianos de Éfeso. El Apóstol, tomando como ejemplo las relaciones familiares, afirma que «Cristo amó a su Iglesia y se entregó a sí mismo por ella, para hacerla santa» (5, 25-26). Cristo amó a la Iglesia, donándose Él mismo en la cruz. Y esto significa que la Iglesia es santa porque procede de Dios que es santo, le es fiel y no la abandona en poder de la muerte y del mal (cf. Mt 16, 18). Es santa porque Jesucristo, el Santo de Dios (cf. Mc 1, 24), está unido de modo indisoluble a ella (cf. Mt 28, 20); es santa porque está guiada por el Espíritu Santo que purifica, transforma, renueva. No es santa por nuestros méritos, sino porque Dios la hace santa, es fruto del Espíritu Santo y de sus dones. No somos nosotros quienes la hacemos santa. Es Dios, el Espíritu Santo, quien en su amor hace santa a la Iglesia.

Me pueden decir: pero la Iglesia está formada por pecadores, lo vemos cada día. Y esto es verdad. Somos una Iglesia de pecadores; y nosotros pecadores estamos llamados a dejarnos transformar, renovar, santificar por Dios. Ha habido en la historia la tentación de algunos que afirmaban: la Iglesia es sólo la Iglesia de los puros, de los que son totalmente coherentes, y a los demás hay que alejarles. ¡Esto no es verdad! ¡Esto es una herejía! La Iglesia, que es santa, no rechaza a los pecadores; no nos rechaza a todos nosotros; no rechaza porque llama a todos, les acoge, está abierta también a los más lejanos, llama a todos a dejarse envolver por la misericordia, por la ternura y por el perdón del Padre, que ofrece a todos la posibilidad de encontrarle, de caminar hacia la santidad. «Padre, yo soy un pecador, tengo grandes pecados, ¿cómo puedo sentirme parte de la Iglesia?». Querido hermano, querida hermana, es precisamente esto lo que desea el Señor; que tú le digas: «Señor, estoy aquí, con mis pecados». ¿Alguno de vosotros está aquí sin sus propios pecados? ¿Alguno de vosotros? Ninguno, ninguno de nosotros. Todos llevamos con nosotros nuestros pecados. Pero el Señor quiere oír que le decimos: «Perdóname, ayúdame a caminar, transforma mi corazón». Y el Señor puede transformar el corazón. En la Iglesia, el Dios que encontramos no es un juez despiadado, sino que es como el Padre de la parábola evangélica. Puedes ser como el hijo que ha dejado la casa, que ha tocado el fondo de la lejanía de Dios. Cuando tienes la fuerza de decir: quiero volver a casa, hallarás la puerta abierta, Dios te sale al encuentro porque te espera siempre, Dios te espera siempre, Dios te abraza, te besa y hace fiesta. Así es el Señor, así es la ternura de nuestro Padre celestial. El Señor nos quiere parte de una Iglesia que sabe abrir los brazos para acoger a todos, que no es la casa de pocos, sino la casa de todos, donde todos pueden ser renovados, transformados, santificados por su amor, los más fuertes y los más débiles, los pecadores, los indiferentes, quienes se sienten desalentados y perdidos. La Iglesia ofrece a todos la posibilidad de recorrer el camino de la santidad, que es el camino del cristiano: nos hace encontrar a Jesucristo en los sacramentos, especialmente en la Confesión y en la Eucaristía; nos comunica la Palabra de Dios, nos hace vivir en la caridad, en el amor de Dios hacia todos. Preguntémonos entonces: ¿nos dejamos santificar? ¿Somos una Iglesia que llama y acoge con los brazos abiertos a los pecadores, que da valentía, esperanza, o somos una Iglesia cerrada en sí misma? ¿Somos una Iglesia en la que se vive el amor de Dios, en la que se presta atención al otro, en la que se reza los unos por los otros?

Una última pregunta: ¿qué puedo hacer yo que me siento débil, frágil, pecador? Dios te dice: no tengas miedo de la santidad, no tengas miedo de apuntar alto, de dejarte amar y purificar por Dios, no tengas miedo de dejarte guiar por el Espíritu Santo. Dejémonos contagiar por la santidad de Dios. Cada cristiano está llamado a la santidad (cf. Const. dogm. *Lumen gentium*, 39-42); y la santidad no consiste ante todo en hacer cosas extraordinarias, sino en dejar actuar a Dios. Es el encuentro de nuestra debilidad con la fuerza de su gracia, es tener confianza en su acción lo que nos permite vivir en la caridad, hacer todo con alegría y humildad, para la gloria de Dios y en el servicio al prójimo. Hay una frase célebre del escritor francés Léon Bloy; en los últimos momentos de su vida decía: «Existe una sola tristeza en la vida, la de no ser santos». No perdamos la esperanza en la santidad, recorramos todos este camino. ¿Queremos ser santos? El Señor nos espera a todos con los brazos abiertos; nos espera para acompañarnos en este camino de la santidad. Vivamos con alegría nuestra fe, dejémonos amar por el Señor... pidamos este don a Dios en la oración, para nosotros y para los demás.

Casa de la armonía

«Creo en la Iglesia, una, santa, católica...». Hoy nos detenemos a reflexionar sobre esta nota de la Iglesia: decimos católica, es el Año de la catolicidad. Ante todo:

¿qué significa católico? Deriva del griego «kath'olòn» que quiere decir «según el todo», la totalidad. ¿En qué sentido esta totalidad se aplica a la Iglesia? ¿En qué sentido nosotros decimos que la Iglesia es católica? Diría en tres significados fundamentales.

El primero. La Iglesia es católica porque es el espacio, la casa en la que se nos anuncia *toda entera la fe*, en la que la salvación que nos ha traído Cristo se ofrece a todos. La Iglesia nos hace encontrar la misericordia de Dios que nos transforma porque en ella está presente Jesucristo, que le da la verdadera confesión de fe, la plenitud de la vida sacramental, la autenticidad del ministerio ordenado. En la Iglesia cada uno de nosotros encuentra cuanto es necesario para creer, para vivir como cristianos, para llegar a ser santos, para caminar en cada lugar y en cada época.

Por poner un ejemplo, podemos decir que es como en la vida de familia; en familia a cada uno de nosotros se nos da todo lo que nos permite crecer, madurar, vivir. No se puede crecer solos, no se puede caminar solos, aislándose, sino que se camina y se crece en una comunidad, en una familia. ¡Y así es en la Iglesia! En la Iglesia podemos escuchar la Palabra de Dios, seguros de que es el mensaje que el Señor nos ha dado; en la Iglesia podemos encontrar al Señor en los Sacramentos, que son las ventanas abiertas a través de las cuales se nos da la luz de Dios, los arroyos de los que tomamos la vida misma de Dios; en la Iglesia aprendemos a vivir la comunión, el amor que viene de Dios. Cada uno de nosotros puede preguntarse hoy: ¿cómo vivo yo en la Iglesia? Cuando voy a la iglesia, ¿es como si fuera al estadio, a un partido de fútbol? ¿Es como si fuera al cine? No, es otra cosa. ¿Cómo voy yo a la iglesia? ¿Cómo acojo los dones que la Iglesia me ofrece, para crecer, para madurar como cristiano? ¿Participo en la vida de comunidad o voy a la iglesia y me cierro en mis problemas aislándome del otro? En este primer sentido la Iglesia es católica, porque es la casa de todos. Todos son hijos de la Iglesia y todos están en aquella casa.

Un segundo significado: la Iglesia es católica porque es *universal*, está difundida en todas las partes del mundo y anuncia el Evangelio a cada hombre y a cada mujer. La Iglesia no es un grupo de élite, no se refiere sólo a algunos. La Iglesia no tiene cierres, es enviada a la totalidad de las personas, a la totalidad del género humano. Y la única Iglesia está presente también en las más pequeñas partes de ella. Cada uno puede decir: en mi parroquia está presente la Iglesia católica, porque también ella es parte de la Iglesia universal, también ella tiene la plenitud de los dones de Cristo, la fe, los Sacramentos, el ministerio; está en comunión con el obispo, con el Papa y está abierta a todos, sin distinciones. La Iglesia no está sólo a la sombra de nuestro campanario, sino que abraza una vastedad de gentes, de pueblos que profesan la misma fe, se alimentan de la misma Eucaristía, son servidos por los mismos pastores. ¡Sentirnos en comunión con todas las Iglesias, con todas las comunidades católicas pequeñas o grandes en el mundo! ¡Es bello esto! Y después sentir que todos estamos en misión, pequeñas o grandes comunidades, todos debemos abrir nuestras puertas y salir por el Evangelio. Preguntémonos entonces: ¿qué hago yo para comunicar a los demás la alegría de encontrar al Señor, la alegría de pertenecer a la Iglesia? ¡Anunciar y testimoniar la fe no es un asunto de pocos, se refiere también a mí, a ti, a cada uno de nosotros!

Un tercer y último pensamiento: la Iglesia es católica porque es la «Casa de la armonía» donde *unidad y diversidad* saben conjugarse juntas para ser riqueza. Pensemos en la imagen de la sinfonía, que quiere decir acorde, y armonía, diversos instrumentos suenan juntos; cada uno mantiene su timbre inconfundible y sus características de sonido armonizan sobre algo en común. Además está quien guía, el director, y en la sinfonía que se interpreta todos tocan juntos en «armonía», pero no se suprime el timbre de cada instrumento; la peculiaridad de cada uno, más todavía, se valoriza al máximo.

Es una bella imagen que nos dice que la Iglesia es como una gran orquesta en la que existe variedad. No somos todos iguales ni debemos ser todos iguales. Todos somos distintos, diferentes, cada uno con las propias cualidades. Y esto es lo bello de la Iglesia: cada uno trae lo suyo, lo que Dios le ha dado, para enriquecer a los demás. Y entre los componentes existe esta diversidad, pero es una diversidad que no entra en conflicto, no se contrapone; es una variedad que se deja fundir en armonía por el Espíritu Santo; es Él el verdadero «Maestro», Él mismo es armonía. Y aquí preguntémonos: ¿en nuestras comunidades vivimos la armonía o peleamos entre nosotros? En mi comunidad parroquial, en mi movimiento, donde yo formo parte de la Iglesia, ¿hay habladurías? Si hay habladurías no existe armonía, sino lucha. Y ésta no es la Iglesia. La Iglesia es la armonía de todos: jamás parlotear uno contra otro, ¡jamás pelear! ¿Aceptamos al otro, aceptamos que exista una justa variedad, que éste sea diferente, que éste piense de un modo u otro —en la misma fe se puede pensar de modo diverso— o tendemos a uniformar todo? Pero la uniformidad mata la vida. La vida de la Iglesia es variedad, y cuando queremos poner esta uniformidad sobre todos matamos los dones del Espíritu Santo. Oremos al Espíritu Santo, que es precisamente el autor de esta unidad en la variedad, de esta armonía, para que nos haga cada vez más «católicos», o sea, en esta Iglesia que es católica y universal.

Enviada a llevar el Evangelio a todo el mundo

Cuando recitamos el Credo decimos «Creo en la Iglesia una, santa, católica y apostólica». No sé si habéis reflexionado alguna vez sobre el significado que tiene la expresión «la Iglesia es apostólica». Tal vez en alguna ocasión, viniendo a Roma, habéis pensado en la importancia de los apóstoles Pedro y Pablo que aquí dieron su vida por llevar y testimoniar el Evangelio.

Pero es más. Profesar que la Iglesia es apostólica significa subrayar el vínculo constitutivo que ella tiene con los Apóstoles, con aquel pequeño grupo de doce hombres que Jesús un día llamó a sí, les llamó por su nombre, para que permanecieran con Él y para enviarles a predicar (cf. Mc 3, 13-19). «Apóstol», en efecto, es una palabra griega que quiere decir «mandado», «enviado». Un apóstol es una persona que es mandada, es enviada a hacer algo y los Apóstoles fueron elegidos, llamados y enviados por Jesús, para continuar su obra, o sea orar —es la primera labor de un apóstol— y, segundo, anunciar el Evangelio. Esto es importante, porque cuando pensamos en los Apóstoles podríamos pensar que fueron sólo a anunciar el Evangelio, a hacer muchas obras. Pero en los primeros tiempos de la Iglesia hubo un problema porque los Apóstoles debían hacer muchas cosas y entonces constituyeron a los diáconos, para que los Apóstoles tuvieran más tiempo para orar y anunciar la Palabra de Dios. Cuando pensemos en los sucesores de los Apóstoles, los Obispos, incluido el Papa, porque también él es Obispo, debemos preguntarnos si este sucesor de los Apóstoles en primer lugar reza y después si anuncia el Evangelio: esto es ser Apóstol y por esto la Iglesia es apostólica. Todos nosotros, si queremos ser apóstoles como explicaré ahora, debemos preguntarnos: ¿yo rezo por la salvación del mundo? ¿Anuncio el Evangelio? ¡Esta es la Iglesia apostólica! Es un vínculo constitutivo que tenemos con los Apóstoles.

Partiendo precisamente de esto desearía subrayar brevemente tres significados del adjetivo «apostólica» aplicado a la Iglesia.

1. La Iglesia es apostólica porque *está fundada en la predicación y la oración de los Apóstoles*, en la autoridad que les ha sido dada por Cristo mismo. San Pablo escribe a los cristianos de Éfeso: «Vosotros sois conciudadanos de los santos y miembros de la familia de Dios. Estáis edificados sobre el cimiento de los apóstoles y profetas, y el mismo Cristo Jesús es la piedra angular» (2, 19-20); o sea, compara a los cristianos con piedras vivas que forman un edificio que es la Iglesia, y este edificio está fundado sobre los Apóstoles, como columnas, y la piedra que sostiene todo es Jesús mismo. ¡Sin Jesús no puede existir la Iglesia! ¡Jesús es precisamente la base de la Iglesia, el fundamento! Los Apóstoles vivieron con Jesús, escucharon sus palabras, compartieron su vida, sobre todo fueron testigos de su muerte y resurrección. Nuestra fe, la Iglesia que Cristo quiso, no se funda en una idea, no se funda en una filosofía, se funda en Cristo mismo. Y la Iglesia es como una planta que a lo largo de los siglos ha crecido, se ha desarrollado, ha dado frutos, pero sus raíces están bien plantadas en Él y la experiencia fundamental de Cristo que tuvieron los

Apóstoles, elegidos y enviados por Jesús, llega hasta nosotros. Desde aquella planta pequeñita hasta nuestros días: así la Iglesia está en todo el mundo.

2. Pero preguntémonos, ¿cómo es posible para nosotros vincularnos con aquel testimonio, cómo puede llegar hasta nosotros aquello que vivieron los Apóstoles con Jesús, aquello que escucharon de Él? He aquí el segundo significado del término «apostolicidad». El *Catecismo de la Iglesia Católica* afirma que la Iglesia es apostólica porque «guarda y transmite, con la ayuda del Espíritu Santo que habita en ella, la enseñanza, el buen depósito, las sanas palabras oídas a los Apóstoles» (n. 857). La Iglesia conserva a lo largo de los siglos este precioso tesoro, que es la Sagrada Escritura, la doctrina, los Sacramentos, el ministerio de los Pastores, de forma que podamos ser fieles a Cristo y participar en su misma vida. Es como un río que corre en la historia, se desarrolla, irriga, pero el agua que corre es siempre la que parte de la fuente, y la fuente es Cristo mismo: Él es el Resucitado, Él es el Viviente, y sus palabras no pasan, porque Él no pasa, Él está vivo, Él hoy está entre nosotros aquí, Él nos siente y nosotros hablamos con Él y Él nos escucha, está en nuestro corazón. Jesús está con nosotros, ¡hoy! Esta es la belleza de la Iglesia: la presencia de Jesucristo entre

nosotros. ¿Pensamos alguna vez en cuán importante es este don que Cristo nos ha dado, el don de la Iglesia, dónde lo podemos encontrar? ¿Pensamos alguna vez en cómo es precisamente la Iglesia en su camino a lo largo de estos siglos —no obstante las dificultades, los problemas, las debilidades, nuestros pecados— la que nos transmite el auténtico mensaje de Cristo? ¿Nos da la seguridad de que aquello en lo que creemos es realmente lo que Cristo nos ha comunicado?

3. El último pensamiento: la Iglesia es apostólica porque es *enviada a llevar el Evangelio a todo el mundo.* Continúa en el camino de la historia la misión misma que Jesús ha encomendado a los Apóstoles: «Id, pues, y haced discípulos a todos los pueblos, bautizándolos en el nombre del Padre y del Hijo y del Espíritu Santo; enseñándoles a guardar todo lo que os he mandado. Y sabed que yo estoy con vosotros todos los días, hasta el final de los tiempos» (Mt 28, 19-21). Esto es lo que Jesús nos ha dicho que hagamos. Insisto en este aspecto de la misionariedad porque Cristo invita a todos a «ir» al encuentro de los demás, nos envía, nos pide que nos movamos para llevar la alegría del Evangelio. Una vez más preguntémonos: ¿somos misioneros con nuestra palabra, pero sobre todo con nuestra vida cristiana, con

nuestro testimonio? ¿O somos cristianos encerrados en nuestro corazón y en nuestras iglesias, cristianos de sacristía? ¿Cristianos sólo de palabra, pero que viven como paganos? Debemos hacernos estas preguntas, que no son un reproche. También lo digo a mí mismo: ¿cómo soy cristiano, con el testimonio realmente?

La Iglesia tiene sus raíces en la enseñanza de los Apóstoles, testigos auténticos de Cristo, pero mira hacia el futuro, tiene la firme conciencia de ser enviada —enviada por Jesús—, de ser misionera, llevando el nombre de Jesús con la oración, el anuncio y el testimonio. Una Iglesia que se cierra en sí misma y en el pasado, una Iglesia que mira sólo las pequeñas reglas de costumbres, de actitudes, es una Iglesia que traiciona la propia identidad; ¡una Iglesia cerrada traiciona la propia identidad! Entonces redescubramos hoy toda la belleza y la responsabilidad de ser Iglesia apostólica. Y recordad: Iglesia apostólica porque oramos —primera tarea— y porque anunciamos el Evangelio con nuestra vida y con nuestras palabras.

III

ESCUCHAR AL ESPÍRITU

Dejarse guiar por el Espíritu Santo

Quisiera reflexionar sobre la acción que realiza el Espíritu Santo al guiar a la Iglesia y a cada uno de nosotros a la Verdad. Jesús mismo dice a los discípulos: el Espíritu Santo «os guiará hasta la verdad» (Jn 16, 13), siendo Él mismo «el Espíritu de la Verdad» (cf. Jn 14, 17; 15, 26; 16, 13).

Vivimos en una época en la que se es más bien escéptico respecto a la verdad. Benedicto XVI habló muchas veces de relativismo, es decir, de la tendencia a considerar que no existe nada definitivo y a pensar que la verdad deriva del consenso o de lo que nosotros queremos. Surge la pregunta: ¿existe realmente «la» verdad? ¿Qué es «la» verdad? ¿Podemos conocerla? ¿Podemos encontrarla?

Aquí me viene a la mente la pregunta del Procurador romano Poncio Pilato cuando Jesús le revela el sentido profundo de su misión: «¿Qué es la verdad?» (Jn 18, 38). Pilato no logra entender que «la» Verdad está ante él, no logra ver en Jesús el rostro de la verdad, que es el rostro de Dios. Sin embargo, Jesús es precisamente esto: la Verdad, que, en la plenitud de los tiempos, «se hizo carne» (Jn 1, 1.14), vino en medio de nosotros para que la conociéramos. La verdad no se aferra como una cosa, la verdad se encuentra. No es una posesión, es un encuentro con una Persona.

Pero, ¿quién nos hace reconocer que Jesús es «la» Palabra de verdad, el Hijo unigénito de Dios Padre? San Pablo enseña que «nadie puede decir: "¡Jesús es Señor!", sino por el Espíritu Santo» (1 Co 12, 3). Es precisamente el Espíritu Santo, el don de Cristo Resucitado, quien nos hace reconocer la Verdad. Jesús lo define el «Paráclito», es decir, «aquel que viene a ayudar», que está a nuestro lado para sostenernos en este camino de conocimiento; y, durante la última Cena, Jesús asegura a los discípulos que el Espíritu Santo enseñará todo, recordándoles sus palabras (cf. Jn 14, 26).

¿Cuál es, entonces, la acción del Espíritu Santo en nuestra vida y en la vida de la Iglesia para guiarnos a la verdad? Ante todo, recuerda e imprime en el corazón de los creyentes las palabras que dijo Jesús, y, precisamente a través de tales palabras, la ley de Dios —como habían anunciado los profetas del Antiguo Testamento— se inscribe en nuestro corazón y se convierte en nosotros en principio de valoración en las opciones y de guía en las acciones cotidianas; se convierte en principio de vida. Se realiza así la gran profecía de Ezequiel: «os purificaré de todas vuestras inmundicias e idolatrías, y os daré un corazón nuevo, y os infundiré un espíritu nuevo... Os infundiré mi espíritu, y haré que caminéis según mis preceptos, y que guardéis y cumpláis mis mandatos» (36, 25-27). En efecto, es del interior de nosotros mismos de donde nacen nuestras acciones: es precisamente el corazón lo que debe convertirse a Dios, y el Espíritu Santo lo transforma si nosotros nos abrimos a Él.

El Espíritu Santo, luego, como promete Jesús, nos guía «hasta la verdad plena» (Jn 16, 13); nos guía no sólo al encuentro con Jesús, plenitud de la Verdad, sino que nos guía incluso «dentro» de la Verdad, es decir, nos hace entrar en una comunión cada vez más profunda con Jesús, donándonos la inteligencia de las cosas de Dios. Y esto no lo podemos alcanzar con nuestras fuerzas. Si Dios no nos ilumina interiormente, nuestro ser cristianos será superficial. La Tradición de la Iglesia afirma que el Espíritu de la Verdad actúa en nuestro corazón suscitando el «sentido de la fe» (*sensus fidei*) a través del cual, como afirma el Concilio Vaticano II, el Pueblo de Dios, bajo la guía del Magisterio, se adhiere indefectiblemente a la fe transmitida, la profundiza con recto juicio y la aplica más plenamente en la vida (cf. Const. dogm. *Lumen gentium*, 12). Preguntémonos: ¿estoy abierto a la acción del Espíritu Santo, le pido que me dé luz, me haga más sensible a las cosas de Dios? Esta es una oración que debemos hacer todos los días: «Espíritu Santo haz que mi corazón se abra a la Palabra de Dios, que mi corazón se abra al bien, que mi corazón se abra a la belleza de Dios todos los días». Quisiera hacer una pregunta a todos: ¿cuántos de vosotros rezan todos los días al Espíritu Santo? Serán pocos, pero nosotros debemos satisfacer este deseo de Jesús y rezar todos los días al Espíritu Santo, para que nos abra el corazón hacia Jesús.

Pensemos en María, que «conservaba todas estas cosas meditándolas en su corazón» (Lc 2, 19.51). La acogida de las palabras y de las verdades de la fe, para que se conviertan en vida, se realiza y crece bajo la acción del Espíritu Santo. En este sentido es necesario aprender de María, revivir su «sí», su disponibilidad total a recibir al Hijo de Dios en su vida, que quedó transformada desde ese momento. A través del Espíritu Santo, el Padre y el Hijo habitan junto a nosotros: nosotros vivimos en Dios y de Dios. Pero, nuestra vida ¿está verdaderamente animada por Dios? ¿Cuántas cosas antepongo a Dios?

Queridos hermanos y hermanas, necesitamos dejarnos inundar por la luz del Espíritu Santo, para que Él nos introduzca en la Verdad de Dios, que es el único Señor de nuestra vida. En este *Año de la fe* preguntémonos si hemos dado concretamente algún paso para conocer más a Cristo y las verdades de la fe, leyendo y meditando la Sagrada Escritura, estudiando el Catecismo, acercándonos con constancia a los Sacramentos. Preguntémonos al mismo tiempo qué pasos estamos dando para que la fe oriente toda nuestra existencia. No se es cristiano a «tiempo parcial», sólo en algunos momentos, en algunas circunstancias, en algunas opciones. No se puede ser cristianos de este modo, se es cristiano en todo momento. ¡Totalmente! La verdad de Cristo, que el Espíritu Santo nos enseña y nos dona, atañe para siempre y totalmente nuestra vida cotidiana. Invoquémosle con más frecuencia para que nos guíe por el camino de los discípulos de

Cristo. Invoquémosle todos los días. Os hago esta propuesta: invoquemos todos los días al Espíritu Santo, así el Espíritu Santo nos acercará a Jesucristo.

Novedad, armonía, misión

En Pentecostés, contemplamos y revivimos en la liturgia la efusión del Espíritu Santo que Cristo resucitado derramó sobre la Iglesia, un acontecimiento de gracia que ha desbordado el cenáculo de Jerusalén para difundirse por todo el mundo.

Pero, ¿qué sucedió en aquel día tan lejano a nosotros, y sin embargo, tan cercano, que llega adentro de nuestro corazón? San Lucas nos da la respuesta en el texto de los Hechos de los Apóstoles que hemos escuchado (2,1-11). El evangelista nos lleva hasta Jerusalén, al piso superior de la casa donde están reunidos los Apóstoles. El primer elemento que nos llama la atención es el estruendo que de repente vino del cielo, «como de viento que sopla fuertemente», y llenó toda la casa; luego, las «lenguas como llamaradas», que se dividían y se posaban encima de cada uno de los Apóstoles. Estruendo y lenguas de fuego son signos claros y concretos que tocan a los Apóstoles, no sólo exteriormente, sino también en su interior: en su mente y en su corazón. Como consecuencia, «se llenaron todos de Espíritu Santo», que desencadenó su fuerza irresistible, con resultados llamativos: «Empezaron a hablar en otras lenguas, según el Espíritu les concedía manifestarse». Asistimos, entonces, a una situación totalmente sorprendente: una multitud se congrega y queda admirada porque cada uno oye hablar a los Apóstoles en su propia lengua. Todos experimentan algo nuevo, que nunca había sucedido: «Los oímos hablar en nuestra lengua nativa». ¿Y de qué hablaban? «De las grandezas de Dios».

A la luz de este texto de los Hechos de los Apóstoles, deseo reflexionar sobre tres palabras relacionadas con la acción del Espíritu: novedad, armonía, misión.

1. La *novedad* nos da siempre un poco de miedo, porque nos sentimos más seguros si tenemos todo bajo control, si somos nosotros los que construimos, programamos, planificamos nuestra vida, según nuestros esquemas, seguridades, gustos. Y esto nos sucede también con Dios. Con frecuencia lo seguimos, lo acogemos, pero hasta un cierto punto; nos resulta difícil abandonarnos a Él con total confianza, dejando que el Espíritu Santo anime, guíe nuestra vida, en todas las decisiones. Tenemos miedo a

que Dios nos lleve por caminos nuevos, nos saque de nuestros horizontes con frecuencia limitados, cerrados, egoístas, para abrirnos a los suyos. Pero, en toda la historia de la salvación, cuando Dios se revela, aparece su novedad —Dios ofrece siempre novedad—, trasforma y pide confianza total en Él: Noé, del que todos se ríen, construye un arca y se salva; Abrahán abandona su tierra, aferrado únicamente a una promesa; Moisés se enfrenta al poder del faraón y conduce al pueblo a la libertad; los Apóstoles, de temerosos y encerrados en el cenáculo, salen con valentía para anunciar el Evangelio. No es la novedad por la novedad, la búsqueda de lo nuevo para salir del aburrimiento, como sucede con frecuencia en nuestro tiempo. La novedad que Dios trae a nuestra vida es lo que verdaderamente nos realiza, lo que nos da la verdadera alegría, la verdadera serenidad, porque Dios nos ama y siempre quiere nuestro bien. Preguntémonos hoy: ¿Estamos abiertos a las "sorpresas de Dios"? ¿O nos encerramos, con miedo, a la novedad del Espíritu Santo? ¿Estamos decididos a recorrer los caminos nuevos que la novedad de Dios nos presenta o nos atrincheramos en estructuras caducas, que han perdido la capacidad de respuesta? Nos hará bien hacernos estas preguntas durante toda la jornada.

2. Una segunda idea: el Espíritu Santo, aparentemente, crea desorden en la Iglesia, porque produce diversidad de carismas, de dones; sin embargo, bajo su acción, todo esto es una gran riqueza, porque el Espíritu Santo es el Espíritu de unidad, que no significa uniformidad, sino reconducir todo a la *armonía*. En la Iglesia, la armonía la hace el Espíritu Santo. Un Padre de la Iglesia tiene una expresión que me gusta mucho: el Espíritu Santo *"ipse harmonia est"*. Él es precisamente la armonía. Sólo Él puede suscitar la diversidad, la pluralidad, la multiplicidad y, al mismo tiempo, realizar la unidad. En cambio, cuando somos nosotros los que pretendemos la diversidad y nos encerramos en nuestros particularismos, en nuestros exclusivismos, provocamos la división; y cuando somos nosotros los que queremos construir la unidad con nuestros planes humanos, terminamos por imponer la uniformidad, la homologación. Si, por el contrario, nos dejamos guiar por el Espíritu, la riqueza, la variedad, la diversidad nunca provocan conflicto, porque Él nos impulsa a vivir la variedad en la comunión de la Iglesia. Caminar juntos en la Iglesia, guiados por los Pastores, que tienen un especial carisma y ministerio, es signo de la acción del Espíritu Santo; la eclesialidad es una característica fundamental para los cristianos,

para cada comunidad, para todo movimiento. La Iglesia es quien me trae a Cristo y me lleva a Cristo; los caminos paralelos son muy peligrosos. Cuando nos aventuramos a ir más allá (*proagon*) de la doctrina y de la Comunidad eclesial –dice el apóstol Juan en la segunda lectura– y no permanecemos en ellas, no estamos unidos al Dios de Jesucristo (cf. 2Jn v. 9). Así, pues, preguntémonos: ¿Estoy abierto a la armonía del Espíritu Santo, superando todo exclusivismo? ¿Me dejo guiar por Él viviendo en la Iglesia y con la Iglesia?

3. El último punto. Los teólogos antiguos decían: el alma es una especie de barca de vela; el Espíritu Santo es el viento que sopla la vela para hacerla avanzar; la fuerza y el ímpetu del viento son los dones del Espíritu. Sin su fuerza, sin su gracia, no iríamos adelante. El Espíritu Santo nos introduce en el misterio del Dios vivo, y nos salvaguarda del peligro de una Iglesia gnóstica y de una Iglesia autorreferencial, cerrada en su recinto; nos impulsa a abrir las puertas para salir, para anunciar y dar testimonio de la bondad del Evangelio, para comunicar el gozo de la fe, del encuentro con Cristo. El Espíritu Santo es el alma de la *misión*. Lo que sucedió en Jerusalén hace casi dos mil años no es un hecho lejano, es algo que llega hasta nosotros, que cada uno de nosotros podemos

experimentar. El Pentecostés del cenáculo de Jerusalén es el inicio, un inicio que se prolonga. El Espíritu Santo es el don por excelencia de Cristo resucitado a sus Apóstoles, pero Él quiere que llegue a todos. Jesús, como hemos escuchado en el Evangelio, dice: «Yo le pediré al Padre que os dé otro Paráclito, que esté siempre con vosotros» (Jn 14,16). Es el Espíritu Paráclito, el «Consolador», que da el valor para recorrer los caminos del mundo llevando el Evangelio. El Espíritu Santo nos muestra el horizonte y nos impulsa a las periferias existenciales para anunciar la vida de Jesucristo. Preguntémonos si tenemos la tendencia a cerrarnos en nosotros mismos, en nuestro grupo, o si dejamos que el Espíritu Santo nos conduzca a la misión. Recordemos hoy estas tres palabras: novedad, armonía, misión.

IV

EL ANUNCIO Y EL TESTIMONIO

No tengas miedo

Abordando el tema de la anunciación y el testimonio, quisiera detenerme brevemente en la página de los Hechos de los Apóstoles (5,12-42) que se lee en la Liturgia de este tercer Domingo de Pascua. Este texto relata que la primera predicación de los Apóstoles en Jerusalén llenó la ciudad de la noticia de que Jesús había verdaderamente resucitado, según las Escrituras, y era el Mesías anunciado por los Profetas. Los sumos sacerdotes y los jefes de la ciudad intentaron reprimir el nacimiento de la comunidad de los creyentes en Cristo e hicieron encarcelar a los Apóstoles, ordenándoles que no enseñaran más en su nombre. Pero Pedro y los otros Once respondieron: «Hay que obedecer a Dios antes que a los hombres. El Dios de nuestros padres resucitó a Jesús... lo ha exaltado con su diestra, haciéndole jefe y salvador... Testigos de esto somos nosotros y el Espíritu Santo» (Hch 5, 29-32). Entonces hicieron flagelar a los Apóstoles y les ordenaron nuevamente que no hablaran más en el nombre de Jesús. Y ellos se marcharon, así dice la Escritura, «contentos de haber merecido aquel ultraje por el nombre de Jesús» (v. 41).

Me pregunto: ¿dónde encontraban los primeros discípulos la fuerza para dar este testimonio? No sólo ¿de dónde les venía la alegría y la valentía del anuncio, a pesar de los obstáculos y las violencias? No olvidemos que los Apóstoles eran personas sencillas, no eran escribas, doctores de la Ley, ni pertenecían a la clase sacerdotal. ¿Cómo pudieron, con sus limitaciones y combatidos por las autoridades, llenar Jerusalén con su enseñanza? (cf. Hch 5, 28). Está claro que sólo pueden explicar este hecho la presencia del Señor Resucitado con ellos y la acción del Espíritu Santo. El Señor que estaba con ellos y el Espíritu que les impulsaba a la predicación explica este hecho extraordinario. Su fe se basaba en una experiencia tan fuerte y personal de Cristo muerto y resucitado, que no tenían miedo de nada ni de nadie, e incluso veían las persecuciones como un motivo de honor que les permitía seguir las huellas de Jesús y asemejarse a Él, dando testimonio con la vida.

Llevar la Palabra de Dios

Llama la atención la fuerza de Pedro y los demás Apóstoles. Al mandato de permanecer en silencio, de no seguir enseñando en el nombre de Jesús, de no anunciar más su mensaje, ellos responden claramente: «Hay que obedecer a Dios antes que a los hombres». Y no los detiene ni siquiera el ser azotados, ultrajados y encarcelados. Pedro y los Apóstoles anuncian con audacia, con *parresia*, aquello que han recibido, el Evangelio de Jesús. Y nosotros, ¿somos capaces de llevar la Palabra de Dios a nuestros ambientes de vida? ¿Sabemos hablar de Cristo, de lo que representa para nosotros, en familia, con los que forman parte de nuestra vida cotidiana? La fe nace de la escucha, y se refuerza con el anuncio.

Pero demos un paso más: el anuncio de Pedro y de los Apóstoles no consiste sólo en palabras, sino que la fidelidad a Cristo entra en su vida, que queda transformada, recibe una nueva dirección, y es precisamente con su vida con la que dan testimonio de la fe y del anuncio de Cristo. En el Evangelio, Jesús pide a Pedro por tres veces que apaciente su grey, y que la apaciente con su amor, y le anuncia: «Cuando seas viejo, extenderás las manos, otro te ceñirá y te llevará adonde no quieras» (Jn 21,18). Esta es una palabra dirigida a nosotros, los Pastores: no se puede apacentar el rebaño de Dios si no se acepta ser llevados por la voluntad de Dios incluso donde no queremos, si no hay disponibilidad para dar testimonio de Cristo con la entrega de nosotros mismos, sin reservas, sin cálculos, a veces a costa incluso de nuestra vida. Pero esto vale para todos: el Evangelio ha de ser anunciado y testimoniado. Cada uno debería preguntarse: ¿Cómo doy yo testimonio de Cristo con mi fe? ¿Tengo el valor de Pedro y los otros Apóstoles de pensar, decidir y vivir como cristiano, obedeciendo a Dios? Es verdad que el testimonio de la fe tiene muchas formas, como en un gran mural hay variedad de colores y de matices; pero todos son importantes, incluso los que no destacan. En el gran designio de Dios, cada detalle es importante, también el pequeño y humilde testimonio tuyo y mío, también ese escondido de quien vive con sencillez su fe en lo cotidiano de las relaciones de familia, de trabajo, de amistad. Hay santos del cada día, los santos «ocultos», una especie de «clase media de la santidad», como decía un escritor francés, esa «clase media de la santidad» de la que todos podemos formar parte. Pero en diversas partes del mundo hay también quien sufre, como Pedro y los Apóstoles, a causa del Evangelio; hay quien entrega la propia vida por permanecer fiel a Cristo, con un testimonio marcado con el precio de su sangre. Recordémoslo bien todos: no se puede anunciar el Evangelio de Jesús sin el testimonio concreto de la vida. Quien nos escucha y nos ve, debe poder leer en nuestros actos eso mismo que oye en nuestros labios, y dar gloria a Dios. Me viene ahora a la memoria un consejo que San Francisco de Asís daba a sus hermanos: predicad el Evangelio y, si fuese necesario, también con las palabras. Predicar con la vida: el testimonio. La incoherencia de los fieles y los Pastores entre lo que dicen y lo que hacen, entre la palabra y el modo de vivir, mina la credibilidad de la Iglesia.

Pero todo esto solamente es posible si reconocemos a Jesucristo, porque es él quien nos ha llamado, nos ha invitado a recorrer su camino, nos ha elegido. Anunciar y dar testimonio es posible únicamente si estamos junto a él, justamente como Pedro, Juan y los otros discípulos estaban en torno a Jesús resucitado, como dice el pasaje del Evangelio de hoy; hay una cercanía cotidiana con él, y ellos saben muy bien quién es, lo conocen. El Evangelista subraya que «ninguno de los discípulos se atrevía a preguntarle quién era, porque sabían bien que era el Señor» (Jn 21,12). Y esto es un punto importante para nosotros: vivir una relación intensa con Jesús, una intimidad de diálogo y de vida, de tal manera que lo reconozcamos como «el Señor». ¡Adorarlo! El pasaje del Apocalipsis que hemos escuchado nos habla de la adoración: miríadas de ángeles, todas las criaturas, los vivientes, los ancianos, se postran en adoración ante el Trono de Dios y el Cordero inmolado, que es Cristo, a quien se debe alabanza, honor y gloria (cf.Ap 5,11-14). Quisiera que nos hiciéramos todos una pregunta: Tú, yo, ¿adoramos al Señor? ¿Acudimos a Dios sólo para pedir, para agradecer, o nos dirigimos a él también para adorarlo? Pero, entonces, ¿qué quiere decir adorar a Dios? Significa aprender a estar con él, a pararse a dialogar con él, sintiendo que su presencia es la más verdadera, la más buena, la más importante de todas. Cada uno de nosotros, en la propia vida, de manera consciente y tal vez a veces sin darse cuenta, tiene un orden muy preciso de las cosas consideradas más o menos importantes. Adorar al Señor quiere decir darle a él el lugar que le corresponde; adorar al Señor quiere decir afirmar, creer –pero no simplemente de palabra– que únicamente él guía verdaderamente nuestra vida; adorar al Señor quiere decir que estamos convencidos ante él de que es el único Dios, el Dios de nuestra vida, el Dios de nuestra historia.

Esto tiene una consecuencia en nuestra vida: despojarnos de tantos ídolos, pequeños o grandes, que tenemos, y en los cuales nos refugiamos, en los cuales buscamos y tantas veces ponemos nuestra seguridad. Son ídolos que a menudo mantenemos bien escondidos; pueden ser la ambición, el carrerismo, el gusto del éxito, el poner en el centro a uno mismo, la tendencia a estar por encima de los otros, la pretensión de ser los únicos amos de nuestra vida, algún pecado al que estamos apegados, y muchos otros. Esta tarde quisiera que resonase una pregunta en el corazón de cada uno, y que respondiéramos a ella con sinceridad: ¿He pensado en qué ídolo oculto tengo en mi vida que me impide adorar al Señor? Adorar es despojarse de nuestros ídolos, también de esos más recónditos, y escoger al Señor como centro, como vía maestra de nuestra vida.

Llamados a anunciar el Evangelio

Quisiera reflexionar con ustedes sobre tres aspectos de nuestra vocación: llamados por Dios, llamados a anunciar el Evangelio, llamados a promover la cultura del encuentro.

1. *Llamados por Dios*. Creo que es importante reavivar siempre en nosotros este hecho, que a menudo damos por descontado entre tantos compromisos cotidianos: «No son ustedes los que me eligieron a mí, sino yo el que los elegí a ustedes», dice Jesús (Jn 15,16). Es un caminar de nuevo hasta la fuente de nuestra llamada. Por eso un obispo, un sacerdote, un consagrado, una consagrada, un seminarista, no puede ser un desmemoriado. Pierde la referencia esencial al inicio de su camino. Pedir la gracia, pedirle a la Virgen, Ella tenía buena memoria, la gracia de ser memoriosos, de ese primer llamado. Hemos sido llamados por Dios y llamados para permanecer con Jesús (cf. Mc3,14), unidos a él. En realidad, este vivir, este permanecer en Cristo, marca todo lo que somos y lo que hacemos. Es precisamente la «vida en Cristo» que garantiza nuestra eficacia apostólica y la fecundidad de nuestro servicio: «Soy yo el que los elegí a ustedes, y los destiné para que vayan y den fruto, y ese

fruto sea verdadero» (Jn 15,16). No es la creatividad, por más pastoral que sea, no son los encuentros o las planificaciones los que aseguran los frutos, si bien ayudan y mucho, sino lo que asegura el fruto es ser fieles a Jesús, que nos dice con insistencia: «Permanezcan en mí, como yo permanezco en ustedes» (Jn 15,4). Y sabemos muy bien lo que eso significa: contemplarlo, adorarlo y abrazarlo en nuestro encuentro cotidiano con él en la Eucaristía, en nuestra vida de oración, en nuestros momentos de adoración, y también reconocerlo presente y abrazarlo en las personas más necesitadas. El «permanecer» con Cristo no significa aislarse, sino un permanecer para ir al encuentro de los otros. Quiero acá recordar algunas palabras de la beata Madre Teresa de Calcuta. Dice así: «Debemos estar muy orgullosos de nuestra vocación, que nos da la oportunidad de servir a Cristo en los pobres. Es en las *favelas*, en los *cantegriles*, en las *villas miseria* donde hay que ir a buscar y servir a Cristo. Debemos ir a ellos como el sacerdote se acerca al altar: con alegría» (*Mother Instructions*, I, p. 80). Hasta aquí la beata. Jesús es el Buen Pastor, es nuestro verdadero tesoro, por favor, no lo borremos de nuestra vida. Enraicemos cada vez más nuestro corazón en él (cf. Lc 12,34).

2. *Llamados a anunciar el Evangelio*. Muchos de ustedes, queridos Obispos y sacerdotes, si no todos, han venido para acompañar a los jóvenes a la Jornada Mundial de la Juventud. También ellos han escuchado las palabras del mandato de Jesús: «Vayan, y hagan discípulos a todas las naciones» (cf. Mt 28,19). Nuestro compromiso de pastores es ayudarles a que arda en su corazón el deseo de ser discípulos misioneros de Jesús. Ciertamente, muchos podrían sentirse un poco asustados ante esta invitación, pensando que ser misioneros significa necesariamente abandonar el país, la familia y los amigos. Dios quiere que seamos misioneros. ¿Dónde estamos? Donde Él nos pone: en nuestra Patria, o donde Él nos ponga. Ayudemos a los jóvenes a darse cuenta de que ser discípulos misioneros es una consecuencia de ser bautizados, es parte esencial del ser cristiano, y que el primer lugar donde se ha de evangelizar es la propia casa, el ambiente de estudio o de trabajo, la familia y los amigos. Ayudemos a los jóvenes. Pongámosle la oreja para escuchar sus ilusiones. Necesitan ser escuchados. Para escuchar sus logros, para escuchar sus dificultades, hay que estar sentados, escuchando quizás el mismo libreto, pero con música diferente, con identidades diferentes. ¡La

paciencia de escuchar! Eso se los pido de todo corazón. En el confesionario, en la dirección espiritual, en el acompañamiento. Sepamos perder el tiempo con ellos. Sembrar cuesta y cansa, ¡cansa muchísimo! Y es mucho más gratificante gozar de la cosecha… ¡Qué vivo! ¡Todos gozamos más con la cosecha! Pero Jesús nos pide que sembremos en serio.

No escatimemos esfuerzos en la formación de los jóvenes. San Pablo, dirigiéndose a sus cristianos, utiliza una expresión, que él hizo realidad en su vida: «Hijos míos, por quienes estoy sufriendo nuevamente los dolores del parto hasta que Cristo sea formado en ustedes» (Ga 4,19). Que también nosotros la hagamos realidad en nuestro ministerio. Ayudar a nuestros jóvenes a redescubrir el valor y la alegría de la fe, la alegría de ser amados personalmente por Dios. Esto es muy difícil, pero cuando un joven lo entiende, un joven lo siente con la unción que le da el Espíritu Santo, este "ser amado personalmente por Dios" lo acompaña toda la vida después. La alegría que ha dado a su Hijo Jesús por nuestra salvación. Educarlos en la misión, a salir, a ponerse en marcha, a ser callejeros de la fe. Así hizo Jesús con sus discípulos: no los mantuvo pegados a él como la gallina con los pollitos; los envió. No podemos quedarnos enclaustrados en la parroquia, en nuestra comunidad, en nuestra institución parroquial o en nuestra institución diocesana, cuando tantas personas están esperando el Evangelio. Salir, enviados. No es un simple abrir la puerta para que vengan, para acoger, sino salir por la puerta para buscar y encontrar. Empujemos a los jóvenes para que salgan. Por supuesto que van a hacer macanas. ¡No tengamos miedo! Los apóstoles las hicieron antes que nosotros. ¡Empujémoslos a salir! Pensemos con decisión en la pastoral desde la periferia, comenzando por los que están más alejados, los que no suelen frecuentar la parroquia. Ellos son los invitados VIP. Al cruce de los caminos, andar a buscarlos.

3. Ser llamados por Jesús, *llamados para evangelizar y, tercero, llamados a promover la cultura del encuentro.* En muchos ambientes, y en general en este humanismo economicista que se nos impuso en el mundo, se ha abierto paso una cultura de la exclusión, una «cultura del descarte». No hay lugar para el anciano ni para el hijo no deseado; no hay tiempo para detenerse con aquel pobre en la calle. A veces parece que, para algunos, las relaciones humanas estén reguladas por dos «dogmas»: eficiencia y pragmatismo. Queridos obispos, sacerdotes, religiosos, religiosas, y ustedes,

seminaristas que se preparan para el ministerio, tengan el valor de ir contracorriente de esa cultura. ¡Tener el coraje! Acuérdense, y a mí esto me hace bien, y lo medito con frecuencia. Agarren el *Primer Libro de los Macabeos*, acuérdense cuando quisieron ponerse a tono de la cultura de la época. "¡No...! ¡Dejemos, no...! Comamos de todo como toda la gente... Bueno, la Ley sí, pero que no sea tanto..." Y fueron dejando la fe para estar metidos en la corriente de esta cultura. Tengan el valor de ir contracorriente de esta cultura eficientista, de esta cultura del descarte. El encuentro y la acogida de todos, la solidaridad, es una palabra que la están escondiendo en esta cultura, casi una mala palabra, la solidaridad y la fraternidad, son elementos que hacen nuestra civilización verdaderamente humana.

Ser servidores de la comunión y de la cultura del encuentro. Los quisiera casi obsesionados en este sentido. Y hacerlo sin ser presuntuosos, imponiendo «nuestra verdad», más bien guiados por la certeza humilde y feliz de quien ha sido encontrado, alcanzado y transformado por la Verdad que es Cristo, y no puede dejar de proclamarla (cf. Lc 24,13-35).

Comunicar esperanza y alegría

Quisiera señalar tres sencillas actitudes, tres sencillas actitudes: mantener la esperanza, dejarse sorprender por Dios y vivir con alegría.

1. *Mantener la esperanza*. La Segunda Lectura de la Misa presenta una escena dramática: una mujer —figura de María y de la Iglesia— es perseguida por un dragón —el diablo— que quiere devorar a su hijo. Pero la escena no es de muerte sino de vida, porque Dios interviene y pone a salvo al niño (cf. Ap 12,13a-16.15-16a). Cuántas dificultades hay en la vida de cada uno, en nuestra gente, nuestras comunidades. Pero, por más grandes que parezcan, Dios nunca deja que nos hundamos. Ante el desaliento que podría haber en la vida, en quien trabaja en la evangelización o en aquellos que se esfuerzan por vivir la fe como padres y madres de familia, quisiera decirles con fuerza que tengan siempre en el corazón esta certeza: Dios camina a su lado, en ningún momento los abandona. Nunca perdamos la esperanza. Jamás la apaguemos en nuestro corazón. El «dragón», el mal, existe en nuestra historia, pero no es el más fuerte. El más fuerte es Dios, y Dios es nuestra esperanza. Es cierto que hoy en día, todos un poco, y también nuestros jóvenes,

sienten la sugestión de tantos ídolos que se ponen en el lugar de Dios y parecen dar esperanza: el dinero, el éxito, el poder, el placer. Con frecuencia se abre camino en el corazón de muchos una sensación de soledad y vacío, y lleva a la búsqueda de compensaciones, de estos ídolos pasajeros. Queridos hermanos y hermanas, seamos luces de esperanza. Tengamos una visión positiva de la realidad. Demos aliento a la generosidad que caracteriza a los jóvenes, ayudémoslos a ser protagonistas de la construcción de un mundo mejor: son un motor poderoso para la Iglesia y para la sociedad. Ellos no sólo necesitan cosas. Necesitan sobre todo que se les propongan esos valores inmateriales que son el corazón espiritual de un pueblo, la memoria de un pueblo. Casi los podemos leer en este santuario, que es parte de la memoria de Brasil: espiritualidad, generosidad, solidaridad, perseverancia, fraternidad, alegría; son valores que encuentran sus raíces más profundas en la fe cristiana.

2. La segunda actitud: *dejarse sorprender por Dios*. Quien es hombre, mujer de esperanza —la gran esperanza que nos da la fe— sabe que Dios actúa y nos sorprende también en medio de las dificultades. Y la historia de este santuario es un ejemplo: tres pescadores, tras una jornada baldía, sin lograr pesca en las aguas del

Río Parnaíba, encuentran algo inesperado: una imagen de Nuestra Señora de la Concepción. ¿Quién podría haber imaginado que el lugar de una pesca infructuosa se convertiría en el lugar donde todos los brasileños pueden sentirse hijos de la misma Madre? Dios nunca deja de sorprender, como con el vino nuevo del Evangelio que acabamos de escuchar. Dios guarda lo mejor para nosotros. Pero pide que nos dejemos sorprender por su amor, que acojamos sus sorpresas. Confiemos en Dios. Alejados de él, el vino de la alegría, el vino de la esperanza, se agota. Si nos acercamos a él, si permanecemos con él, lo que parece agua fría, lo que es dificultad, lo que es pecado, se transforma en vino nuevo de amistad con él.

3. La tercera actitud: *vivir con alegría*. Queridos amigos, si caminamos en la esperanza, dejándonos sorprender por el vino nuevo que nos ofrece Jesús, ya hay alegría en nuestro corazón y no podemos dejar de ser testigos de esta alegría. El cristiano es alegre, nunca triste. Dios nos acompaña. Tenemos una Madre que intercede siempre por la vida de sus hijos, por nosotros, como la reina Esther en la Primera Lectura (cf. Est 5,3). Jesús nos ha mostrado que el rostro de Dios es el de un Padre que nos ama. El pecado y la muerte han sido vencidos. El cristiano no puede ser pesimista. No tiene el aspecto

de quien parece estar de luto perpetuo. Si estamos verdaderamente enamorados de Cristo y sentimos cuánto nos ama, nuestro corazón se «inflamará» de tanta alegría que contagiará a cuantos viven a nuestro alrededor.

Dar todo

Aquél que escruta los corazones (cf. Rm 8, 27) se hace mendigo de amor y nos interroga sobre la única cuestión verdaderamente esencial, preámbulo y condición para apacentar sus ovejas, sus corderos, su Iglesia. Todo ministerio se funda en esta intimidad con el Señor; vivir de Él es la medida de nuestro servicio eclesial, que se expresa en la disponibilidad a la obediencia, en el abajarse, como hemos escuchado en la Carta a los Filipenses, y a la donación total (cf. 2, 6-11).

Por lo demás, la consecuencia del amor al Señor es darlo todo —precisamente todo, hasta la vida misma— por Él: esto es lo que debe distinguir nuestro ministerio pastoral; es el papel de tornasol que dice con qué profundidad hemos abrazado el don recibido respondiendo a la llamada de Jesús y en qué medida estamos vinculados a las personas y a las comunidades que se nos han confiado. No somos expresión de una estructura o de una necesidad organizativa: también con el servicio de nuestra autoridad estamos llamados a ser signo de la presencia y de la acción del Señor resucitado, por lo tanto a edificar la comunidad en la caridad fraterna.

No es que esto se dé por descontado: también el amor más grande, en efecto, cuando no se alimenta continuamente, se debilita y se apaga. No sin motivo el apóstol Pablo pone en guardia: «Tened cuidado de vosotros y de todo el rebaño sobre el que el Espíritu Santo os ha puesto como guardianes para pastorear la Iglesia de Dios, que Él se adquirió con la sangre de su propio Hijo» (Hch 20, 28).

La falta de vigilancia —lo sabemos— hace tibio al Pastor; le hace distraído, olvidadizo y hasta intolerante; le seduce con la perspectiva de la carrera, la adulación del dinero y las componendas con el espíritu mundano; le vuelve perezoso, transformándole en un funcionario, un clérigo preocupado más de sí mismo, de la organización y de las estructuras que del verdadero bien del pueblo de Dios. Se corre el riesgo, entonces, como el apóstol Pedro, de negar al Señor, incluso si formalmente se presenta y se habla en su nombre; se ofusca la santidad de la Madre Iglesia jerárquica, haciéndola menos fecunda.

¿Quiénes somos, hermanos, ante Dios? ¿Cuáles son nuestras pruebas? Tenemos muchas; cada uno de nosotros conoce las suyas. ¿Qué nos está diciendo el Señor a través de ellas? ¿Sobre qué nos estamos apoyando para superarlas?

Como lo fue para Pedro, la pregunta insistente y triste de Jesús puede dejarnos doloridos y más conscientes de la debilidad de nuestra libertad, tentada como lo es por mil condicionamientos internos y externos, que a menudo suscitan desconcierto, frustración, incluso incredulidad.

No son ciertamente estos los sentimientos y las actitudes que el Señor pretende suscitar; más bien, se aprovecha de ellos el Enemigo, el Diablo, para aislar en la amargura, en la queja y en el desaliento.

Jesús, buen Pastor, no humilla ni abandona en el remordimiento: en Él habla la ternura del Padre, que consuela y relanza; hace pasar de la disgregación de la vergüenza —porque verdaderamente la vergüenza nos disgrega— al entramado de la confianza; vuelve a donar valentía, vuelve a confiar responsabilidad, entrega a la misión.

Pedro, que purificado en el fuego del perdón pudo decir humildemente «Señor, Tú conoces todo; Tú sabes que te quiero» (Jn 21, 17). Estoy seguro de que todos nosotros podemos decirlo de corazón. Y Pedro purificado, en su

95

primera Carta nos exhorta a apacentar «el rebaño de Dios [...], mirad por él, no a la fuerza, sino de buena gana [...], no por sórdida ganancia, sino con entrega generosa; no como déspotas con quienes os ha tocado en suerte, sino convirtiéndoos en modelos del rebaño» (1 P 5, 2-3).

Sí, ser Pastores significa creer cada día en la gracia y en la fuerza que nos viene del Señor, a pesar de nuestra debilidad, y asumir hasta el final la responsabilidad de caminar delante del rebaño, libres de los pesos que dificultan la sana agilidad apostólica, y sin indecisión al guiarlo, para hacer reconocible nuestra voz tanto para quienes han abrazado la fe como para quienes aún «no pertenecen a este rebaño» (Jn 10, 16): estamos llamados a hacer nuestro el sueño de Dios, cuya casa no conoce exclusión de personas o de pueblos, como anunciaba proféticamente Isaías en la primera Lectura (cf. Is 2, 2-5).

Por ello, ser Pastores quiere decir también disponerse a caminar en medio y detrás del rebaño: capaces de escuchar el silencioso relato de quien sufre y sostener el paso de quien teme ya no poder más; atentos a volver a levantar, alentar e infundir esperanza. Nuestra fe sale siempre reforzada al compartirla con los humildes: dejemos de lado todo tipo de presunción, para inclinarnos ante quienes el Señor confió a nuestra solicitud.

V

CRISTIANOS A TIEMPO COMPLETO

Salir de sí mismos

[...] ¿Qué significa ser cristianos? ¿Qué significa seguir a Jesús en su camino al Calvario hacia la Cruz y la Resurrección? En su misión terrena, Jesús recorrió los caminos de Tierra Santa; llamó a doce personas sencillas para que permanecieran con Él, compartieran su camino y continuaran su misión. Las eligió entre el pueblo lleno de fe en las promesas de Dios. Habló a todos, sin distinción; a los grandes y a los humildes, al joven rico y a la viuda pobre, a los poderosos y a los débiles; trajo la misericordia y el perdón de Dios; curó, consoló, comprendió; dio esperanza; trajo para todos la presencia de Dios que se interesa por cada hombre y por cada mujer, como hace un buen padre y una buena madre hacia cada uno de sus hijos. Dios no esperó que fuéramos a Él, sino que Él se puso en movimiento hacia nosotros, sin cálculos, sin medida. Dios es así: Él da siempre el primer paso, Él se mueve hacia nosotros. Jesús vivió las realidades cotidianas de la gente más sencilla: se conmovió ante la multitud que parecía un rebaño sin pastor; lloró ante el sufrimiento de Marta y María por la muerte del hermano Lázaro; llamó a un publicano como discípulo suyo; sufrió también la traición de un amigo. En Él Dios nos dio la certeza de que está con nosotros, en medio de nosotros. «Las zorras —dijo Él, Jesús—, las zorras tienen madrigueras y los pájaros nidos, pero el Hijo del hombre no tiene dónde reclinar la cabeza» (Mt 8, 20). Jesús no tiene casa porque su casa es la gente, somos nosotros, su misión es abrir a todos las puertas de Dios, ser la presencia de amor de Dios.

En la Semana Santa vivimos el vértice de este camino, de este designio de amor que recorre toda la historia de las relaciones entre Dios y la humanidad. Jesús entra en Jerusalén para dar el último paso, en el que resume toda su existencia: se dona totalmente, no se queda nada, ni siquiera la vida. En la Última Cena, con sus amigos, comparte el pan y distribuye el cáliz «para nosotros». El Hijo de Dios se ofrece a nosotros, entrega en nuestras manos su Cuerpo y su Sangre para estar siempre con nosotros, para habitar en medio de nosotros. En el Huerto de los Olivos, como en el proceso ante Pilato, no opone resistencia, se dona; es el Siervo sufriente anunciado por Isaías que se despoja a sí mismo hasta la muerte (cf. Is 53, 12).

Jesús no vive este amor que conduce al sacrificio de modo pasivo o como un destino fatal; ciertamente no esconde su profunda turbación humana ante la muerte violenta, sino que se entrega con plena confianza al Padre. Jesús se entregó voluntariamente a la muerte para corresponder al amor de Dios Padre, en perfecta unión con su voluntad, para demostrar su amor por nosotros. En la Cruz, Jesús «me amó y se entregó por mí» (Ga 2, 20). Cada uno de nosotros puede decir: Me amó y se entregó por mí. Cada uno puede decir esto: «por mí».

¿Qué significa todo esto para nosotros? Significa que éste es también mi camino, el tuyo, el nuestro. Vivir la Semana Santa siguiendo a Jesús no sólo con la emoción del corazón; vivir la Semana Santa siguiendo a Jesús quiere decir aprender a salir de nosotros mismos —como dije el domingo pasado— para ir al encuentro de los demás, para ir hacia las periferias de la existencia, movernos nosotros en primer lugar hacia nuestros hermanos y nuestras hermanas, sobre todo aquellos más lejanos, aquellos que son olvidados, que tienen más necesidad de comprensión, de consolación, de ayuda. ¡Hay tanta necesidad de llevar la presencia viva de Jesús misericordioso y rico de amor!

Vivir la Semana Santa es entrar cada vez más en la lógica de Dios, en la lógica de la Cruz, que no es ante todo aquella del dolor y de la muerte, sino la del amor y del don de sí que trae vida. Es entrar en la lógica del Evangelio. Seguir, acompañar a Cristo, permanecer con Él exige un «salir», salir. Salir de sí mismos, de un modo de vivir la fe cansado y rutinario, de la tentación de cerrarse en los propios esquemas que terminan por cerrar el horizonte de la acción creativa de Dios. Dios salió de sí mismo para venir en medio de nosotros, puso su tienda entre nosotros para traernos su misericordia que salva y dona esperanza. También nosotros, si queremos seguirle y permanecer con Él, no debemos contentarnos con permanecer en el recinto de las noventa y nueve ovejas, debemos «salir», buscar con Él a la oveja perdida, aquella más alejada. Recordad bien: salir de nosotros, como Jesús, como Dios salió de sí mismo en Jesús y Jesús salió de sí mismo por todos nosotros.

Alguno podría decirme: «Pero, padre, no tengo tiempo», «tengo tantas cosas que hacer», «es difícil», «¿qué puedo hacer yo con mis pocas fuerzas, incluso con mi pecado, con tantas cosas?». A menudo nos contentamos con alguna oración, una misa dominical distraída y no constante, algún gesto de caridad, pero no tenemos esta valentía de «salir» para llevar a Cristo. Somos un poco como san Pedro. En cuanto Jesús habla de pasión, muerte y resurrección, de entrega de sí, de amor hacia todos, el Apóstol le lleva aparte y le reprende. Lo que dice Jesús altera sus planes, parece inaceptable, pone en dificultad las seguridades que se había construido, su idea de Mesías. Y Jesús mira a sus discípulos y dirige a Pedro tal vez una de las palabras más duras de los Evangelios: «¡Aléjate de mí, Satanás! ¡Tú piensas como los hombres, no como Dios!» (Mc 8, 33). Dios piensa siempre con misericordia: no olvidéis esto. Dios piensa siempre con misericordia: ¡es el Padre misericordioso! Dios piensa como el padre que espera el regreso del hijo y va a su encuentro, lo ve venir cuando todavía está lejos… ¿Qué significa esto? Que todos los días iba a ver si el hijo volvía a casa: éste es nuestro Padre misericordioso. Es el signo de que lo esperaba de corazón en la terraza de su casa. Dios piensa como el samaritano que no pasa cerca del desventurado compadeciéndose o mirando hacia otro lado, sino socorriéndole sin pedir nada a cambio; sin preguntar si era judío, si era pagano, si era samaritano, si era rico, si era pobre: no pregunta nada. No pregunta estas cosas, no pide nada. Va en su ayuda: así es Dios. Dios piensa como el pastor que da su vida para defender y salvar a las ovejas.

La Semana Santa es un tiempo de gracia que el Señor nos dona *para abrir las puertas* de nuestro corazón, de nuestra vida, de nuestras parroquias —¡qué pena, tantas parroquias cerradas!—, de los movimientos, de las asociaciones, y «salir» al encuentro de los demás, hacernos nosotros cercanos para llevar la luz y la alegría de nuestra fe. ¡Salir siempre! Y esto con amor y con la ternura de Dios, con respeto y paciencia, sabiendo que nosotros ponemos nuestras manos, nuestros pies, nuestro corazón, pero luego es Dios quien los guía y hace fecunda cada una de nuestras acciones.

Caminar

Es una de las palabras que prefiero cuando pienso en el cristiano y en la Iglesia [...]. Pienso que esta es verdaderamente la experiencia más bella que vivimos:

formar parte de un pueblo en camino, en camino en la historia, junto con su Señor, que camina en medio de nosotros. No estamos aislados, no caminamos solos, sino que somos parte del único rebaño de Cristo que camina junto.

Aquí pienso una vez más en vosotros sacerdotes, y dejad que me ponga también yo con vosotros. ¿Hay algo más bello para nosotros que el caminar con nuestro pueblo? ¡Es bello! Cuando pienso en estos párrocos que conocían el nombre de las personas de la parroquia, que iban a visitarlas; incluso como uno me decía: «Conozco el nombre del perro de cada familia», conocían incluso el nombre del perro. ¡Cuán hermoso era! ¿Hay algo más bello? [...]. Lo repito a menudo: caminar con nuestro pueblo, a veces delante, a veces en medio y a veces detrás: delante, para guiar a la comunidad; en medio, para alentarla y sostenerla; detrás, para mantenerla unida y que nadie se quede demasiado atrás, para mantenerla unida, y también por otra razón: porque el pueblo tiene «olfato». Tiene olfato en encontrar nuevas sendas para el camino, tiene el «sensus fidei», que dicen los teólogos. ¿Hay algo más bello? [...].

Pero la cosa más importante es caminar juntos, colaborando, ayudándose mutuamente; pedir disculpas, reconocer los propios errores y pedir perdón, pero también aceptar las disculpas de los demás perdonando —¡cuán importante es esto!—. A veces pienso en los matrimonios que después de muchos años se separan. «Eh... no, no nos entendemos, nos hemos separado». Tal vez no han sabido pedir disculpas a tiempo. Tal vez no han sabido perdonar a tiempo. A los recién casados les doy siempre este consejo: «Reñid lo que queráis. Si vuelan los platos, dejadlos. Pero nunca acabar el día sin hacer las paces. ¡Nunca!». Si los matrimonios aprenden a decir: «Perdona, estaba cansado», o sólo un gesto: esta es la paz; y retomar la vida al día siguiente. Este es un buen secreto, y evita estas separaciones dolorosas. Cuán importante es caminar unidos, sin evasiones hacia adelante, sin nostalgias del pasado. Y mientras se camina se habla, se conocen, se cuentan unos a otros, se crece en el ser familia. Aquí preguntémonos: ¿cómo caminamos? ¿Cómo camina nuestra realidad diocesana? ¿Camina unida? ¿Qué hago yo para que camine verdaderamente unida?

Tomar la cruz

Jesús entra en Jerusalén. La muchedumbre de los discípulos lo acompaña festivamente, se extienden los mantos ante él, se habla de los prodigios que ha hecho, se eleva un grito de alabanza: «¡Bendito el que viene como rey, en nombre del Señor! Paz en el cielo y gloria en lo alto» (Lc 19,38).

Gentío, fiesta, alabanza, bendición, paz. Se respira un clima de alegría. Jesús ha despertado en el corazón tantas esperanzas, sobre todo entre la gente humilde, simple, pobre, olvidada, esa que no cuenta a los ojos del mundo. Él ha sabido comprender las miserias humanas, ha mostrado el rostro de misericordia de Dios y se ha inclinado para curar el cuerpo y el alma.

Este es Jesús. Este es su corazón atento a todos nosotros, que ve nuestras debilidades, nuestros pecados. El amor de Jesús es grande. Y, así, entra en Jerusalén con este amor, y nos mira a todos nosotros. Es una bella escena, llena de luz –la luz del amor de Jesús, de su corazón–, de alegría, de fiesta.

Al comienzo de la Misa, también nosotros la hemos repetido. Hemos agitado nuestras palmas. También nosotros hemos acogido al Señor; también nosotros hemos expresado la alegría de acompañarlo, de saber que nos es cercano, presente en nosotros y en medio de nosotros como un amigo, como un hermano, también como rey, es decir, como faro luminoso de nuestra vida. Jesús es Dios, pero se ha abajado a caminar con nosotros. Es nuestro amigo, nuestro hermano. El que nos ilumina en nuestro camino. Y así lo hemos acogido hoy. Y esta es la primera palabra que quisiera deciros: *alegría*. No seáis nunca hombres y mujeres tristes: un cristiano jamás puede serlo. Nunca os dejéis vencer por el desánimo. Nuestra alegría no es algo que nace de tener tantas cosas, sino de haber encontrado a una persona, Jesús; que está entre nosotros; nace del saber que, con él, nunca estamos solos, incluso en los momentos difíciles, aun cuando el camino de la vida tropieza con problemas y obstáculos que parecen insuperables, y ¡hay tantos! Y en este momento viene el enemigo, viene el diablo, tantas veces disfrazado de ángel, e insidiosamente nos dice su palabra. No le escuchéis. Sigamos a Jesús. Nosotros acompañamos, seguimos a Jesús, pero sobre todo sabemos que él nos acompaña y nos carga sobre sus hombros: en esto reside nuestra alegría, la esperanza que hemos de llevar en este mundo nuestro. Y, por favor, no os dejéis robar la esperanza, no dejéis robar la esperanza. Esa que nos da Jesús.

106

¿Por qué Jesús entra en Jerusalén? O, tal vez mejor, ¿cómo entra Jesús en Jerusalén? La multitud lo aclama como rey. Y él no se opone, no la hace callar (cf. Lc 19,39-40). Pero, ¿qué tipo de rey es Jesús? Mirémoslo: montado en un pollino, no tiene una corte que lo sigue, no está rodeado por un ejército, símbolo de fuerza. Quien lo acoge es gente humilde, sencilla, que tiene el sentido de ver en Jesús algo más; tiene ese sentido de la fe, que dice: Éste es el Salvador. Jesús no entra en la Ciudad Santa para recibir los honores reservados a los reyes de la tierra, a quien tiene poder, a quien domina; entra para ser azotado, insultado y ultrajado, como anuncia Isaías en la Primera Lectura (cf. Is 50,6). Entra para recibir una corona de espinas, una caña, un manto de púrpura: su realeza será objeto de burla; entra para subir al Calvario cargando un madero. Y, entonces, he aquí la segunda palabra: *Cruz*. Jesús entra en Jerusalén para morir en la cruz. Y es precisamente aquí donde resplandece su ser rey según Dios: su trono regio es el madero de la cruz. Pienso en lo que decía Benedicto XVI a los Cardenales: Vosotros sois príncipes, pero de un rey crucificado. Ese es el trono de Jesús. Jesús toma sobre sí... ¿Por qué la cruz? Porque Jesús toma sobre sí el mal, la suciedad, el pecado del mundo, también el nuestro, el de todos nosotros, y lo lava, lo lava con su sangre, con la misericordia, con el amor de Dios. Miremos a nuestro alrededor: ¡cuántas heridas inflige el mal a la humanidad! Guerras, violencias, conflictos económicos que se abaten sobre los más débiles, la sed de dinero, que nadie puede llevárselo consigo, lo debe dejar. Mi abuela nos decía a los niños: El sudario no tiene bolsillos. Amor al dinero, al poder, la corrupción, las divisiones, los crímenes contra la vida humana y contra la creación. Y también –cada uno lo sabe y lo conoce– nuestros pecados personales: las faltas de amor y de respeto a Dios, al prójimo y a toda la creación. Y Jesús en la cruz siente todo el peso del mal, y con la fuerza del amor de Dios lo vence, lo derrota en su resurrección. Este es el bien que Jesús nos hace a todos en el trono de la cruz. La cruz de Cristo, abrazada con amor, nunca conduce a la tristeza, sino a la alegría, a la alegría de ser salvados y de hacer un poquito eso que ha hecho él aquel día de su muerte.

Evangelizar

Evangelizar es la misión de la Iglesia, no sólo de algunos, sino la mía, la tuya, nuestra misión. El apóstol Pablo exclamaba: «¡Ay de mí si no anuncio el Evangelio!»

(1 Co 9, 16). Cada uno debe ser evangelizador, sobre todo con la vida. Pablo VI subrayaba que «evangelizar... es la dicha y vocación propia de la Iglesia, su identidad más profunda. Ella existe para evangelizar» (Exhort. ap. *Evangelii nuntiandi*, 14).

¿Quién es el verdadero motor de la evangelización en nuestra vida y en la Iglesia? Pablo VI escribía con claridad: «Él es quien, hoy igual que en los comienzos de la Iglesia, actúa en cada evangelizador que se deja poseer y conducir por Él, y pone en los labios las palabras que por sí solo no podría hallar, predisponiendo también el alma del que escucha para hacerla abierta y acogedora de la Buena Nueva y del reino anunciado» (ibid., 75). Para evangelizar, entonces, es necesario una vez más abrirse al horizonte del Espíritu de Dios, sin tener miedo de lo que nos pida y dónde nos guíe. ¡Encomendémonos a Él! Él nos hará capaces de vivir y testimoniar nuestra fe, e iluminará el corazón de quien encontremos. Esta fue la experiencia de Pentecostés: los Apóstoles, reunidos con María en el Cenáculo, «vieron aparecer unas lenguas, como llamaradas, que se dividían, posándose encima de cada uno de ellos. Se llenaron todos de Espíritu Santo y empezaron a hablar en otras lenguas, según el Espíritu les concedía manifestarse» (Hch 2, 3-4). El Espíritu

Santo, descendiendo sobre los Apóstoles, les hace salir de la sala en la que estaban encerrados por miedo, los hace salir de sí mismos, y les transforma en anunciadores y testigos de las «grandezas de Dios» (v. 11). Y esta transformación obrada por el Espíritu Santo se refleja en la multitud que acudió al lugar venida «de todos los pueblos que hay bajo el cielo» (v. 5), porque cada uno escuchaba las palabras de los Apóstoles como si fueran pronunciadas en la propia lengua (cf. v. 6).

Aquí tenemos un primer efecto importante de la acción del Espíritu Santo que guía y anima el anuncio del Evangelio: la unidad, la comunión. En Babel, según el relato bíblico, se inició la dispersión de los pueblos y la confusión de las lenguas, fruto del gesto de soberbia y de orgullo del hombre que quería construir, sólo con las propias fuerzas, sin Dios, «una ciudad y una torre que alcance el cielo» (Gn 11, 4). En Pentecostés se superan estas divisiones. Ya no hay más orgullo hacia Dios, ni la cerrazón de unos con otros, sino que está la apertura a Dios, está el salir para anunciar su Palabra: una lengua nueva, la del amor que el Espíritu Santo derrama en los corazones (cf. Rm 5, 5); una lengua que todos pueden comprender y que, acogida, se puede expresar en toda existencia y en toda cultura. La lengua del Espíritu, la lengua del Evangelio es la lengua de la comunión, que invita a superar cerrazones e indiferencias, divisiones y contraposiciones. Deberíamos preguntarnos todos: ¿cómo me dejo guiar por el Espíritu Santo de modo que mi vida y mi testimonio de fe sea de unidad y comunión? ¿Llevo la palabra de reconciliación y de amor que es el Evangelio a los ambientes en los que vivo? A veces parece que se repite hoy lo que sucedió en Babel: divisiones, incapacidad de comprensión, rivalidad, envidias, egoísmo. ¿Qué hago con mi vida? ¿Creo unidad en mi entorno? ¿O divido, con las habladurías, las críticas, las envidias? ¿Qué hago? Pensemos en esto. Llevar el Evangelio es anunciar y vivir nosotros en primer lugar la reconciliación, el perdón, la paz, la unidad y el amor que el Espíritu Santo nos dona. Recordemos las palabras de Jesús: «En esto conocerán todos que sois discípulos míos: si os amáis unos a otros» (Jn 13, 35).

Un segundo elemento: el día de Pentecostés, Pedro, lleno de Espíritu Santo, poniéndose en pie «con los Once» y «levantando la voz» (Hch 2, 14), anuncia «con franqueza» (v. 29) la buena noticia de Jesús, que dio su vida por nuestra salvación y que Dios resucitó de los muertos. He aquí otro efecto de la acción del Espíritu Santo: la valentía, de anunciar la novedad del Evangelio

111

de Jesús a todos, con franqueza (parresia), en voz alta, en todo tiempo y lugar. Y esto sucede también hoy para la Iglesia y para cada uno de nosotros: del fuego de Pentecostés, de la acción del Espíritu Santo, se irradian siempre nuevas energías de misión, nuevos caminos por los cuales anunciar el mensaje de salvación, nueva valentía para evangelizar. ¡No nos cerremos nunca a esta acción! ¡Vivamos con humildad y valentía el Evangelio! Testimoniemos la novedad, la esperanza, la alegría que el Señor trae a la vida. Sintamos en nosotros «la dulce y confortadora alegría de evangelizar» (Pablo VI, Exhort. ap. *Evangelii nuntiandi*, 80). Porque evangelizar, anunciar a Jesús, nos da alegría; en cambio, el egoísmo nos trae amargura, tristeza, tira de nosotros hacia abajo; evangelizar nos lleva arriba.

Indico solamente un tercer elemento, que, sin embargo, es particularmente importante: una nueva evangelización, una Iglesia que evangeliza debe partir siempre de la oración, de pedir, como los Apóstoles en el Cenáculo, el fuego del Espíritu Santo. Sólo la relación fiel e intensa con Dios permite salir de las propias cerrazones y anunciar con parresia el Evangelio. Sin la oración nuestro obrar se vuelve vacío y nuestro anuncio no tiene alma, ni está animado por el Espíritu.

VI

PASTORES CON OLOR A OVEJAS

Qué significa ser pastores

«Pastoread el rebaño de Dios que tenéis a vuestro cargo, mirad por él, no a la fuerza, sino de buena gana, como Dios quiere; no por sórdida ganancia, sino con entrega generosa; no como déspotas con quienes os ha tocado en suerte, sino convirtiéndoos en modelos del rebaño» (1 Pe 5, 2-3). ¡Que estas palabras de san Pedro se esculpan en el corazón! Somos llamados y constituidos pastores, no pastores por nosotros mismos, sino por el Señor, y no para servirnos a nosotros mismos, sino al rebaño que se nos ha confiado, servirlo hasta dar la vida como Cristo, el Buen Pastor (cf. Jn 10, 11).

¿Qué significa pastorear, tener «cuidado habitual y cotidiano de sus ovejas» (*Lumen gentium*, 27)? Tres

113

breves pensamientos. Pastorear significa: acoger con magnanimidad, caminar con el rebaño, permanecer con el rebaño. Acoger, caminar, permanecer.

1. *Acoger con magnanimidad.* Que vuestro corazón sea tan grande como para saber coger a todos los hombres y las mujeres que encontraréis a lo largo de vuestras jornadas y que iréis a buscar cuando os pongáis en camino en vuestras parroquias y en cada comunidad. Desde ahora preguntaos: los que llamen a la puerta de mi casa, ¿cómo la encontrarán? Si la encuentran abierta, a través de vuestra bondad, vuestra disponibilidad, experimentarán la paternidad de Dios y comprenderán cómo la Iglesia es una buena madre que siempre acoge y ama.

2. *Caminar con el rebaño.* Acoger con magnanimidad, caminar. Acoger a todos para caminar con todos. El obispo está en camino con y en su rebaño. Esto quiere decir ponerse en camino con los propios fieles y con todos aquellos que se dirigirán a vosotros, compartiendo sus alegrías y esperanzas, dificultades y sufrimientos, como hermanos y amigos, pero más aún como padres, que son capaces de escuchar, comprender, ayudar, orientar. El caminar juntos requiere amor, y el nuestro es un servicio de amor, *amoris officium* decía san Agustín (*In Io. Ev. tract.* 123, 5: pl 35, 1967).

114

a) Y en el caminar desearía recordar *el afecto hacia vuestros sacerdotes*. Vuestros sacerdotes son el primer prójimo; el sacerdote es el primer prójimo del obispo —amad al prójimo, pero el primer prójimo es ese—, indispensables colaboradores de quienes hay que buscar el consejo y la ayuda, a quienes hay que cuidar como padres, hermanos y amigos. Entre las primeras tareas que tenéis está el cuidado espiritual del presbiterio, pero no olvidéis las necesidades humanas de cada sacerdote, sobre todo en los momentos más delicados e importantes de su ministerio y de su vida. Nunca es tiempo perdido el que se pasa con los sacerdotes. Recibidles cuando lo piden; no dejéis sin respuesta una llamada telefónica. Yo he oído —no sé si es verdad, pero lo he oído muchas veces en mi vida— de sacerdotes, cuando daba ejercicios a sacerdotes: «¡Bah! He llamado al obispo y el secretario me dice que no tiene tiempo para recibirme». Y así durante meses y meses y meses. No sé si es verdad. Pero si un sacerdote llama al obispo, el mismo día, o al menos al día siguiente, la llamada telefónica: «He oído, ¿qué deseas? Ahora no puedo recibirte, pero intentemos buscar juntos la fecha». Que oiga que el padre responde, por favor. Al contrario, el sacerdote puede pensar: «Pero a éste no le importa; éste no es padre, es jefe de oficina». Pensad bien en esto. Sería un buen propósito: ante una llamada de un sacerdote, si no puedo este día, al menos responder al día siguiente. Y después ver cuándo es posible encontrarle. Estar en continua cercanía, en contacto continuo con ellos.

b) Después *la presencia en la diócesis*. En la homilía de la Misa Crismal de este año decía que los pastores deben tener «el olor de las ovejas». Sed pastores con el olor de las ovejas, presentes en medio de vuestro pueblo como Jesús Buen Pastor. Vuestra presencia no es secundaria, es indispensable. ¡La presencia! La pide el pueblo mismo, que quiere ver al propio obispo caminar con él, estar cerca de él. Lo necesita para vivir y para respirar. No os cerréis. Bajad en medio de vuestros fieles, también en las periferias de vuestras diócesis y en todas esas «periferias existenciales» donde hay sufrimiento, soledad, degradación humana. Presencia pastoral significa caminar con el Pueblo de Dios: caminar delante, indicando el camino, indicando la vía; caminar en medio, para reforzarlo en la unidad; caminar detrás, para que ninguno se quede rezagado, pero, sobre todo, para seguir el olfato que tiene el Pueblo de Dios para hallar nuevos caminos. Un obispo que vive en medio de sus fieles tiene los oídos abiertos para escuchar «lo que el Espíritu dice a las Iglesias» (Ap 2, 7) y la «voz de las ovejas», también a través de los organismos diocesanos que tienen la tarea de aconsejar al obispo, promoviendo un diálogo leal y constructivo. No se puede pensar en un obispo que no tenga estos organismos diocesanos: consejo presbiteral, los consultores, consejo pastoral, consejo de asuntos económicos. Esto significa estar precisamente con el pueblo. Esta presencia pastoral os permitirá conocer a fondo también la cultura, los hábitos, las costumbres del territorio, la riqueza de santidad que allí está presente. ¡Sumergirse en el propio rebaño!

c) Y aquí desearía añadir: que *el estilo de servicio* al rebaño sea el de la humildad, diría también de la austeridad y de la esencialidad. Por favor, nosotros pastores no somos hombres con la «psicología de príncipes» —por favor—, hombres ambiciosos, que son esposos de esta Iglesia en espera de otra más bella o más rica. ¡Esto es un escándalo! Si viene un penitente y te dice: «Yo estoy casado, vivo con mi mujer, pero miro continuamente a aquella mujer que es más bella que la mía: ¿es pecado, padre?». El Evangelio dice: es pecado de adulterio. ¿Existe un «adulterio espiritual»? No sé, pensadlo vosotros. No estar a la espera de otra más bella, más importante, más rica. ¡Estad bien atentos en no caer en el espíritu del carrerismo! ¡Eso es un cáncer! No es sólo con la palabra, sino también y sobre todo con el testimonio concreto de vida como somos maestros y educadores de nuestro pueblo. El anuncio de la fe pide conformar la vida con lo que se enseña. Misión y vida son inseparables (cf. Juan Pablo II, *Pastores gregis*, 31). Es una pregunta para hacernos cada día: ¿lo que vivo se corresponde con lo que enseño?

3. Acoger, caminar. Y el tercer y último elemento: *permanecer con el rebaño*. Me refiero a la *estabilidad*, que tiene dos aspectos precisos: «permanecer» en la diócesis y permanecer en «ésta» diócesis, como he dicho, sin buscar cambios o promociones. No se puede conocer verdaderamente como pastores al propio rebaño, caminar delante, en medio o detrás de él, cuidarlo con la enseñanza, la administración de los sacramentos y el testimonio de vida, si no se permanece en la diócesis. En esto, Trento es actualísimo: residencia. El nuestro es un tiempo en que se puede viajar, moverse de un punto a otro con facilidad, un tiempo en el que las relaciones son veloces, la época de Internet. Pero la antigua ley de la residencia no ha pasado de moda. Es necesaria para el buen gobierno pastoral (cf. Directorio *Apostolorum Successores*, 161). Cierto, existe una solicitud por las demás Iglesias y por la universal

que pueden pedir ausentarse de la diócesis, pero que sea por el estricto tiempo necesario y no habitualmente. Ved, la residencia no es requerida sólo para una buena organización, no es un elemento funcional; tiene una raíz teológica. Sois esposos de vuestra comunidad, ligados profundamente a ella. Os pido, por favor, que permanezcáis en medio de vuestro pueblo. Permanecer, permanecer... Evitad el escándalo de ser «obispos de aeropuerto». Sed pastores acogedores, en camino con vuestro pueblo, con afecto, con misericordia, con dulzura del trato y firmeza paterna, con humildad y discreción, capaces de mirar también vuestras limitaciones y de tener una dosis de buen humor. Esta es una gracia que debemos pedir nosotros, obispos. Todos debemos pedir esta gracia: Señor, dame sentido del humor. Encontrar el medio de reírse de uno mismo, primero, y un poco de las cosas. Y permaneced con vuestro rebaño.

Sacerdotes para servir

[...] Como ustedes saben, el Señor Jesús es el único sumo Sacerdote del Nuevo Testamento, aunque en él todo el santo pueblo de Dios ha sido constituido pueblo sacerdotal. No obstante, el Señor Jesús quiso elegir entre sus discípulos a algunos en particular, para que, ejerciendo públicamente en la Iglesia en su nombre el oficio sacerdotal en favor de todos los hombres, continuaran su misión personal de maestro, sacerdote y pastor.

Él mismo, enviado por el Padre, envió a su vez a los Apóstoles por el mundo, para continuar sin interrupción su obra de Maestro, Sacerdote y Pastor por medio de ellos y de los Obispos, sus sucesores. Y los presbíteros son colaboradores de los Obispos, con quienes en unidad de sacerdocio, son llamados al servicio del Pueblo de Dios.

Después de una profunda reflexión y oración, ahora estos hermanos van a ser ordenados para el sacerdocio en el Orden de los presbíteros, a fin de hacer las veces de Cristo, Maestro, Sacerdote y Pastor, por quien la Iglesia, su Cuerpo, se edifica y crece como Pueblo de Dios y templo del Espíritu Santo.

Al configurarlos con Cristo, sumo y eterno Sacerdote, y unirlos al sacerdocio de los Obispos, la Ordenación los convertirá en verdaderos sacerdotes del Nuevo Testamento para anunciar el Evangelio, apacentar al Pueblo de Dios y celebrar el culto divino, principalmente en el sacrificio del Señor.

A vosotros, queridos hermanos e hijos, que vais a ser ordenados presbíteros, os incumbe, en la parte que os corresponde, la función de enseñar en nombre de Cristo, el Maestro. Transmitid a todos la palabra de Dios que habéis recibido con alegría. Recordad a vuestras madres, a vuestras abuelas, a vuestros catequistas, que os han dado la Palabra de Dios, la fe... ¡el don de la fe! Os han trasmitido este don de la fe. Y al leer y meditar asiduamente la Ley del Señor, procurad creer lo que leéis, enseñar lo que creéis y practicar lo que enseñáis. Recordad también que la Palabra de Dios no es de vuestra propiedad, es Palabra de Dios. Y la Iglesia es la que custodia la Palabra de Dios.

Que vuestra enseñanza sea alimento para el Pueblo de Dios; que vuestra vida sea un estímulo para los discípulos de Cristo, a fin de que, con vuestra palabra y vuestro ejemplo, se vaya edificando la casa de Dios, que es la Iglesia. Os corresponde también la función de santificar en nombre de Cristo. Por medio de vuestro ministerio alcanzará su plenitud el sacrificio espiritual de los fieles, que por vuestras manos, junto con ellos, será ofrecido sobre el altar, unido al sacrificio de Cristo, en celebración incruenta.

Daos cuenta de lo que hacéis e imitad lo que conmemoráis, de tal manera que, al celebrar el misterio de la muerte y resurrección del Señor, os esforcéis por hacer morir en vosotros el mal y procuréis caminar con él en una vida nueva.

Introduciréis a los hombres en el Pueblo de Dios por el Bautismo. Perdonaréis los pecados en nombre de Cristo y de la Iglesia por el sacramento de la Penitencia. Y hoy os pido en nombre de Cristo y de la Iglesia: Por favor, no os canséis de ser misericordiosos. A los enfermos les daréis el alivio del óleo santo, y también a los ancianos: no sintáis vergüenza de mostrar ternura con los ancianos. Al celebrar los ritos sagrados, al ofrecer durante el día la oración de alabanza y de súplica, os haréis voz del Pueblo de Dios y de toda la humanidad.

Conscientes de haber sido escogidos entre los hombres y puestos al servicio de ellos en las cosas de Dios, ejerced con alegría perenne, llenos de verdadera caridad, el ministerio de Cristo Sacerdote, no buscando el propio interés, sino el de Jesucristo. Sois Pastores, no funcionarios. Sois mediadores, no intermediarios.

Finalmente, al participar en la misión de Cristo, Cabeza y Pastor, permaneciendo unidos a vuestro Obispo, esforzaos por reunir a los fieles en una sola familia para conducirlos a Dios Padre, por medio de Cristo en el

Espíritu Santo. Tened siempre presente el ejemplo del Buen Pastor, que no vino para ser servido, sino para servir, y buscar y salvar lo que estaba perdido.

Llevar la unción al pueblo

La Biblia nos habla a menudo de los «Ungidos»: el siervo de Yahvé de Isaías, David y Jesús, nuestro Señor. Los tres tienen en común que la unción que reciben es para ungir al pueblo fiel de Dios al que sirven; su unción es para los pobres, para los cautivos, para los oprimidos... Una imagen muy bella de este «ser para» del santo crisma es la del Salmo 133: «Es como óleo perfumado sobre la cabeza, que se derrama sobre la barba, la barba de Aarón, hasta la franja de su ornamento» (v. 2). La imagen del óleo que se derrama, que desciende por la barba de Aarón hasta la orla de sus vestidos sagrados, es imagen de la unción sacerdotal que, a través del ungido, llega hasta los confines del universo representado mediante las vestiduras.

La vestimenta sagrada del sumo sacerdote es rica en simbolismos; uno de ellos, es el de los nombres de los hijos de Israel grabados sobre las piedras de ónix que adornaban las hombreras del efod, del que proviene nuestra casulla actual, seis sobre la piedra del hombro derecho y seis sobre la del hombro izquierdo (cf. Ex 28,6-14). También en el pectoral estaban grabados los nombres de las doce tribus de Israel (cf. Ex 28,21). Esto significa que el sacerdote celebra cargando sobre sus hombros al pueblo que se le ha confiado y llevando sus nombres grabados en el corazón. Al revestirnos con nuestra humilde casulla, puede hacernos bien sentir sobre los hombros y en el corazón el peso y el rostro de nuestro pueblo fiel, de nuestros santos y de nuestros mártires, que en este tiempo son tantos.

De la belleza de lo litúrgico, que no es puro adorno y gusto por los trapos, sino presencia de la gloria de nuestro Dios resplandeciente en su pueblo vivo y consolado, pasamos ahora a fijarnos en la acción. El óleo precioso que unge la cabeza de Aarón no se queda perfumando su persona sino que se derrama y alcanza «las periferias». El Señor lo dirá claramente: su unción es para los pobres, para los cautivos, para los enfermos, para los que están tristes y solos. La unción, queridos hermanos, no es para perfumarnos a nosotros mismos, ni mucho menos para que la guardemos en un frasco, ya que se pondría rancio el aceite... y amargo el corazón.

Al buen sacerdote se lo reconoce por cómo anda ungido su pueblo; esta es una prueba clara. Cuando la gente nuestra anda ungida con óleo de alegría se le nota: por ejemplo, cuando sale de la misa con cara de haber recibido una buena noticia. Nuestra gente agradece el evangelio predicado con unción, agradece cuando el evangelio que predicamos llega a su vida cotidiana, cuando baja como el óleo de Aarón hasta los bordes de la realidad, cuando ilumina las situaciones límites, «las periferias» donde el pueblo fiel está más expuesto a la invasión de los que quieren saquear su fe. Nos lo agradece porque siente que hemos rezado con las cosas de su vida cotidiana, con sus penas y alegrías, con sus angustias y sus esperanzas. Y cuando siente que el perfume del Ungido, de Cristo, llega a través nuestro, se anima a confiarnos todo lo que quieren que le llegue al Señor: «Rece por mí, padre, que tengo este problema...». «Bendígame, padre», y «rece por mí» son la señal de que la unción llegó a la orla del manto, porque vuelve convertida en súplica, súplica del Pueblo de Dios. Cuando estamos en esta relación con Dios y con su Pueblo, y la gracia pasa a través de nosotros, somos sacerdotes, mediadores entre Dios y los hombres. Lo que quiero señalar es que siempre tenemos que reavivar la gracia e intuir en toda petición, a veces inoportunas, a veces puramente materiales, incluso banales –pero lo son sólo en apariencia– el deseo de nuestra gente de ser ungidos con el óleo perfumado, porque sabe que lo tenemos. Intuir y sentir como sintió el Señor la angustia esperanzada de la hemorroisa cuando tocó el borde de su manto. Ese momento de Jesús, metido en medio de la gente que lo rodeaba por todos lados, encarna toda la belleza de Aarón revestido sacerdotalmente y con el óleo que desciende sobre sus vestidos. Es una belleza oculta que resplandece sólo para los ojos llenos de fe de la mujer que padecía derrames de sangre. Los mismos discípulos –futuros sacerdotes– todavía no son capaces de ver, no comprenden: en la «periferia existencial» sólo ven la superficialidad de la multitud que aprieta por todos lados hasta sofocarlo (cf. Lc 8,42). El Señor en cambio siente la fuerza de la unción divina en los bordes de su manto.

Así hay que salir a experimentar nuestra unción, su poder y su eficacia redentora: en las «periferias» donde hay sufrimiento, hay sangre derramada, ceguera que desea ver, donde hay cautivos de tantos malos patrones. No es precisamente en autoexperiencias ni en introspecciones reiteradas que vamos a encontrar al Señor: los cursos de autoayuda en la vida pueden ser útiles, pero vivir nuestra vida sacerdotal pasando de un curso a otro, de método en método, lleva a hacernos pelagianos, a minimizar el poder de la gracia que se activa y crece en la medida en que salimos con fe a darnos y a dar el Evangelio a los demás; a dar la poca unción que tengamos a los que no tienen nada de nada.

El sacerdote que sale poco de sí, que unge poco –no digo «nada» porque, gracias a Dios, la gente nos roba la unción– se pierde lo mejor de nuestro pueblo, eso que es capaz de activar lo más hondo de su corazón presbiteral. El que no sale de sí, en vez de mediador, se va convirtiendo poco a poco en intermediario, en gestor. Todos conocemos la diferencia: el intermediario y el gestor «ya tienen su paga», y puesto que no ponen en juego la propia piel ni el corazón, tampoco reciben un agradecimiento afectuoso que nace del corazón. De aquí proviene precisamente la insatisfacción de algunos, que terminan tristes, sacerdotes tristes, y convertidos en una especie de coleccionistas de antigüedades o bien de novedades, en vez de ser pastores con «olor a oveja» –esto os pido: sed pastores con «olor a oveja», que eso se note–; en vez de ser pastores en medio al propio rebaño, y pescadores de hombres. Es verdad que la así llamada crisis de identidad sacerdotal nos amenaza a todos y se suma a una crisis de civilización; pero si sabemos barrenar su ola, podremos meternos mar adentro en nombre del Señor y echar las redes. Es bueno que la realidad misma nos lleve a ir allí donde lo que somos por gracia se muestra claramente como pura gracia, en ese mar del mundo actual donde sólo vale la unción –y no la función– y resultan fecundas las redes echadas únicamente en el nombre de Aquél de quien nos hemos fiado: Jesús.

VII

LA ELECCIÓN DE LOS ÚLTIMOS

Las periferias de la existencia

La Iglesia debe salir de sí misma. ¿Adónde? Hacia las periferias existenciales, cualesquiera que sean. Pero salir. Jesús nos dice: «Id por todo el mundo. Id. Predicad. Dad testimonio del Evangelio» (cf. Mc 16, 15). Pero ¿qué ocurre si uno sale de sí mismo? Puede suceder lo que le puede pasar a cualquiera que salga de casa y vaya por la calle: un accidente. Pero yo os digo: prefiero mil veces una Iglesia accidentada, que haya tenido un accidente, que una Iglesia enferma por encerrarse. Salid fuera, ¡salid! Pensad en lo que dice el Apocalipsis. Dice algo bello: que Jesús está a la puerta y llama, llama para entrar a nuestro corazón (cf. Ap 3, 20). Este es el sentido del Apocalipsis. Pero haceos esta pregunta: ¿cuántas veces Jesús está dentro y llama a la puerta para salir, para salir fuera, y no le dejamos salir sólo por nuestras seguridades, porque muchas veces estamos encerrados en estructuras caducas, que sirven sólo para hacernos esclavos y no hijos de Dios libres? En esta «salida» es importante ir al encuentro; esta palabra para mí es muy importante: el encuentro con los demás. ¿Por qué? Porque la fe es un encuentro con Jesús, y nosotros debemos hacer lo mismo que hace Jesús: encontrar a los demás. Vivimos una cultura del desencuentro, una cultura de la fragmentación, una cultura en la que lo que no me sirve lo tiro, la cultura del descarte. Pero sobre este punto os invito a pensar —y es parte de la crisis— en los ancianos, que son la sabiduría de un pueblo, en los niños... ¡la cultura del descarte! Pero nosotros debemos ir al encuentro y debemos crear con nuestra fe una «cultura del encuentro», una cultura de la amistad, una cultura donde hallamos hermanos, donde podemos hablar también con quienes no piensan como nosotros, también con quienes tienen otra fe, que no tienen la misma fe. Todos tienen algo en común con nosotros: son imágenes de Dios, son hijos de Dios. Ir al encuentro con todos, sin negociar nuestra pertenencia. Y otro punto es importante: con los pobres. Si salimos de nosotros mismos, hallamos la pobreza. Hoy —duele el corazón al decirlo—, hoy, hallar a un vagabundo muerto de frío no es noticia. Hoy es noticia, tal vez, un escándalo. Un escándalo: ¡ah! Esto es noticia. Hoy, pensar en que muchos niños no tienen qué comer no es noticia. Esto es grave, ¡esto es grave! No podemos quedarnos tranquilos. En fin... las cosas son así. No podemos volvernos cristianos almidonados, esos cristianos demasiado educados, que hablan de cosas teológicas mientras se toman el té, tranquilos. ¡No! Nosotros debemos ser cristianos valientes e ir a buscar a quienes son precisamente la carne de Cristo, ¡los que son la carne de Cristo! Cuando voy a confesar —ahora no puedo, porque salir a confesar... De aquí no se puede salir, pero este es otro problema —, cuando yo iba a confesar en la diócesis precedente, venían algunos y siempre hacía esta pregunta: «Pero ¿usted da limosna?». —«Sí, padre». «Ah, bien, bien». Y hacía dos más: «Dígame, cuando usted da limosna, ¿mira a los ojos de aquél a quien da limosna?». —«Ah, no sé, no me he dado cuenta». Segunda pregunta: «Y cuando usted da la limosna, ¿toca la mano de aquel a quien le da la limosna, o le echa la moneda?». Este es el problema: la carne de Cristo, tocar la carne de Cristo, tomar sobre nosotros este dolor por los pobres. La pobreza, para nosotros cristianos, no es una categoría sociológica o filosófica y cultural: no; es una categoría teologal. Diría, tal vez la primera categoría, porque aquel Dios, el Hijo de Dios, se abajó, se hizo pobre para caminar con nosotros por el camino. Y esta es nuestra pobreza: la pobreza de la carne de Cristo, la pobreza que nos ha traído el Hijo de Dios con su Encarnación. Una Iglesia pobre para los pobres empieza con ir hacia la carne de Cristo. Si vamos hacia la carne de Cristo, comenzamos a entender algo, a entender qué es esta pobreza, la pobreza del Señor.

Acoger y servir

Cuando decimos «casa» entendemos un lugar de acogida, una morada, un ambiente humano donde estar bien, reencontrarse a uno mismo, sentirse introducido en un territorio, en una comunidad. Más profundamente todavía, «casa» es una palabra de sabor típicamente familiar, que recuerda el calor, el afecto, el amor que se pueden experimentar en una familia. La «casa» entonces representa la riqueza humana más preciosa, la del encuentro, la de las relaciones entre las personas, distintas por edad, por cultura y por historia, pero que viven juntas

132

y que juntas se ayudan a crecer. Precisamente por esto la «casa» es un lugar decisivo en la vida, donde la vida crece y se puede realizar, porque es un lugar donde cada persona aprende a recibir amor y a donar amor. Esta es la «casa». Y esto busca ser desde hace 25 años también esta casa. En el límite entre el Vaticano e Italia, representa una fuerte llamada a todos nosotros, a la Iglesia, a la ciudad de Roma, para ser cada vez más familia, «casa» en la que se está abierto a la acogida, a la atención, a la fraternidad.

Hay también una segunda palabra muy importante: la palabra «don», que califica esta Casa y define su identidad típica. Es una Casa, en efecto, que se caracteriza por el don, y por el don recíproco. ¿Qué es lo que quiero decir? Quiero decir que esta Casa dona acogida, apoyo material y espiritual a vosotros, queridos huéspedes, procedentes de distintas partes del mundo; pero también vosotros sois un don para esta Casa y para la Iglesia. Vosotros nos decís que amar a Dios y al prójimo no es algo abstracto, sino profundamente concreto: quiere decir ver en cada persona el rostro del Señor que hay que servir, y servirle concretamente. Y vosotros sois, queridos hermanos y hermanas, el rostro de Jesús. ¡Gracias! Vosotros «donáis» la posibilidad, a cuantos trabajan en este lugar, de servir a Jesús en quien se encuentra en dificultad, en quien necesita ayuda. Así que esta Casa es una luminosa transparencia de la caridad de Dios, que es un Padre bueno y misericordioso para todos. Aquí se vive una hospitalidad abierta, sin distinción de nacionalidad o de religión, según la enseñanza de Jesús: «Gratis habéis recibido, dad gratis» (Mt 10, 8). Debemos recuperar todos el sentido del don, de la gratuidad, de la solidaridad. Un capitalismo salvaje ha enseñado la lógica del beneficio a cualquier precio; de dar para obtener; de la explotación sin contemplar a las personas... y los resultados los vemos en la crisis que estamos viviendo. Esta Casa es un lugar que educa en la caridad, una «escuela» de caridad que enseña a ir al encuentro de cada persona, no por beneficio, sino por amor.

Los desarraigados de la vida

La Iglesia es madre, y su atención materna se manifiesta con particular ternura y cercanía a quien está obligado a escapar de su país y vive entre el desarraigo y la integración. Esta tensión destruye a las personas. La compasión cristiana —este «sufrir con», con-pasión— se expresa ante todo mediante el compromiso de conocer los hechos que impulsan a dejar forzadamente la patria, y, donde es necesario, haciéndose intérprete de quien no logra hacer oír el grito de dolor y opresión. En esto realizáis una tarea importante, también al sensibilizar a las comunidades cristianas sobre los numerosos hermanos agraviados por heridas que marcan su existencia: violencia, abusos, lejanía de los afectos familiares, eventos traumáticos, fuga de casa, incertidumbre sobre el futuro en los campos de refugiados. Todos estos elementos deshumanizan y deben impulsar a cada cristiano y a toda la comunidad hacia una atención concreta.

Pero hoy, queridos amigos, quiero invitaros a todos a percibir también la luz de la esperanza en los ojos y en el corazón de los refugiados y de las personas forzadamente desarraigadas. Esperanza que se expresa en las expectativas por el futuro, en el anhelo de relaciones de amistad, en el deseo de participar en la sociedad que los acoge, incluso mediante el aprendizaje de la lengua, el acceso al trabajo y la instrucción para los más pequeños. Admiro la valentía de quien espera retomar gradualmente la vida normal, con la esperanza de que la felicidad y el amor vuelvan a alegrar su existencia. ¡Todos podemos y debemos alimentar esta esperanza!

Invito sobre todo a los gobernantes y a los legisladores, y a toda la comunidad internacional, a considerar la realidad de las personas forzadamente desarraigadas con iniciativas eficaces y nuevos enfoques, para defender su dignidad, mejorar su calidad de vida y afrontar los desafíos que aparecen en formas modernas de persecución, opresión y esclavitud. Se trata, lo destaco, de personas humanas, que reclaman solidaridad y asistencia, que tienen necesidad de intervenciones urgentes, pero también y sobre todo, de comprensión y de bondad. Dios es bueno, imitemos a Dios. Su condición no puede dejarnos indiferentes. Y nosotros, como Iglesia, recordemos que, curando las heridas de los refugiados, los desplazados y las víctimas de tráficos, ponemos en práctica el mandamiento de la caridad que Jesús nos dejó, cuando se identificó con el extranjero, con quien sufre, con todas las víctimas inocentes de la violencia y la explotación. Deberíamos releer más a menudo el capítulo 25 del Evangelio según Mateo, donde se habla del juicio final (cf. vv. 31-46). Y aquí quiero recordar la atención que cada pastor y cada comunidad cristiana deben prestar al camino de fe de los cristianos refugiados y forzadamente desarraigados de su realidad, así como de los cristianos emigrantes. Requieren un particular cuidado pastoral, que respete sus tradiciones y los acompañe a una armoniosa integración en la realidad eclesial en la que viven. ¡Que nuestras comunidades cristianas sean verdaderamente lugares de acogida, escucha y comunión!

El vasto campo de la solidaridad

Servir. ¿Qué significa? Servir significa acoger a la persona que llega, con atención; significa inclinarse hacia quien tiene necesidad y tenderle la mano, sin cálculos, sin temor, con ternura y comprensión, como Jesús se inclinó a lavar los pies a los apóstoles. Servir significa trabajar al lado de los más necesitados, establecer con ellos ante todo relaciones humanas, de cercanía, vínculos de solidaridad. Solidaridad, esta palabra que da miedo al mundo desarrollado. Intentan no decirla. Solidaridad es casi una mala palabra para ellos. Pero es nuestra palabra. Servir significa reconocer y acoger las peticiones de justicia, de esperanza, y buscar juntos los caminos, los itinerarios concretos de liberación.

Los pobres son también maestros privilegiados de nuestro conocimiento de Dios; su fragilidad y su sencillez desenmascaran nuestros egoísmos, nuestras falsas seguridades, nuestras pretensiones de autosuficiencia y nos guían a la experiencia de la cercanía y de la ternura de Dios, a recibir en nuestra vida su amor, su misericordia de Padre que, con discreción y paciente confianza, se ocupa de nosotros, de todos nosotros.

De este lugar de acogida, de encuentro y de servicio, desearía entonces que partiera una pregunta para todos, para todas las personas que viven aquí, en esta diócesis de Roma: ¿me inclino hacia quien está en dificultad o bien tengo miedo de ensuciarme las manos? ¿Estoy cerrado en mí mismo, en mis cosas, o me doy cuenta de quien tiene necesidad de ayuda? ¿Sirvo sólo a mí mismo o sé servir a los demás como Cristo ha venido para servir hasta donar su vida? ¿Miro a los ojos de quienes piden justicia o vuelvo la vista a otro lado para no mirar a los ojos?

Segunda palabra: *acompañar*. En estos años, el Centro Astalli ha hecho un camino. Al inicio ofrecía servicios de primera acogida: un comedor, una cama, una ayuda legal. Después aprendió a acompañar a las personas en la búsqueda de trabajo y en la inserción social. Y, por lo tanto, propuso también actividades culturales para contribuir a hacer crecer una cultura de la acogida, una cultura del encuentro y de la solidaridad, a partir de la tutela de los derechos humanos. La sola acogida no basta. No basta con dar un bocadillo si no se acompaña de la posibilidad de aprender a caminar con las propias piernas. La caridad que deja al pobre así como es, no es suficiente. La misericordia verdadera, la que Dios nos dona y nos enseña, pide la justicia, pide que el pobre encuentre el camino para ya no ser tal. Pide —y lo pide a nosotros, Iglesia, a nosotros, ciudad de Roma, a las instituciones—, pide que nadie deba tener ya necesidad de un comedor, de un alojamiento de emergencia, de un servicio de asistencia legal para ver reconocido el propio derecho a vivir y a trabajar, a ser plenamente persona. Adam ha dicho: «Nosotros, refugiados, tenemos el deber de hacer lo posible para estar integrados en Italia». Y esto es un derecho: ¡la integración! Y Carol ha dicho: «Los sirios en Europa sienten la gran responsabilidad de no ser un peso, queremos sentirnos parte activa de una nueva sociedad». ¡También esto es un derecho! Esta responsabilidad es la base ética, es la fuerza para construir juntos. Me pregunto: ¿nosotros acompañamos este camino?

Tercera palabra: *defender*. Servir, acompañar, quiere decir también defender, quiere decir ponerse de lado de quien es más débil. Cuántas veces alzamos la voz para

139

defender nuestros derechos, pero cuántas veces somos indiferentes hacia los derechos de los demás. Cuántas veces no sabemos o no queremos dar voz a la voz de quien —como vosotros— ha sufrido y sufre, de quien ha visto pisotear sus propios derechos, de quien ha vivido tanta violencia que ha sofocado incluso el deseo de tener justicia.

Para toda la Iglesia es importante que la acogida del pobre y la promoción de la justicia no se encomienden sólo a los «especialistas», sino que sean una atención de toda la pastoral, de la formación de los futuros sacerdotes y religiosos, del empeño normal de todas las parroquias, los movimientos y las agregaciones eclesiales. En particular —y esto es importante y lo digo desde el corazón— desearía invitar también a los institutos religiosos a leer seriamente y con responsabilidad este signo de los tiempos. El Señor llama a vivir con más valentía y generosidad la acogida en las comunidades, en las casas, en los conventos vacíos. Queridísimos religiosos y religiosas, los conventos vacíos no sirven a la Iglesia para transformarlos en hoteles y ganar dinero. Los conventos vacíos no son vuestros, son para la carne de Cristo que son los refugiados. El Señor llama a vivir con más valor y generosidad la acogida en las comunidades, en las casas, en los conventos vacíos. Cierto, no es algo sencillo: se necesita criterio, responsabilidad, pero se requiere también valor. Hacemos mucho; tal vez estamos llamados a hacer más, acogiendo y compartiendo con decisión lo que la Providencia nos ha dado para servir.

VIII

DEMOLER LOS ÍDOLOS

La lógica del poder y de la violencia

El mundo que queremos ¿no es un mundo de armonía
y de paz, dentro de nosotros mismos, en la relación con
los demás, en las familias, en las ciudades, *en* y *entre* las
naciones? Y la verdadera libertad para elegir el camino
a seguir en este mundo ¿no es precisamente aquella que
está orientada al bien de todos y guiada por el amor?

Pero preguntémonos ahora: ¿Es ése el mundo en el que
vivimos? La creación conserva su belleza que nos llena
de estupor, sigue siendo una obra buena. Pero también
hay "violencia, división, rivalidad, guerra". Esto se produce cuando el hombre, vértice de la creación, pierde de
vista el horizonte de belleza y de bondad, y se cierra en
su propio egoísmo.

Cuando el hombre piensa sólo en sí mismo, en sus propios intereses y se pone en el centro, cuando se deja fascinar por los ídolos del dominio y del poder, cuando se pone en el lugar de Dios, entonces altera todas las relaciones, arruina todo; y abre la puerta a la violencia, a la indiferencia, al enfrentamiento. Eso es exactamente lo que quiere hacernos comprender el pasaje del Génesis en el que se narra el pecado del ser humano: El hombre entra en conflicto consigo mismo, se da cuenta de que está desnudo y se esconde porque tiene miedo (Gn 3,10), tiene miedo de la mirada de Dios; acusa a la mujer, que es carne de su carne (v. 12); rompe la armonía con la creación, llega incluso a levantar la mano contra el hermano para matarlo. ¿Podemos decir que de la "armonía" se pasa a la "desarmonía"? ¿Podemos decir eso: que de la armonía se pasa a la "desarmonía"? No, no existe la "desarmonía": o hay armonía o se cae en el caos, donde hay violencia, rivalidad, enfrentamiento, miedo...

Precisamente en medio de este caos, Dios pregunta a la conciencia del hombre: «¿Dónde está Abel, tu hermano?». Y Caín responde: «No sé, ¿soy yo el guardián de mi hermano?» (Gn 4,9). Esta pregunta se dirige también a nosotros, y también a nosotros nos hará bien preguntarnos: ¿Soy yo el guardián de mi hermano? Sí, tú eres el guardián de tu hermano. Ser persona humana significa ser guardianes los unos de los otros. Sin embargo, cuando se rompe la armonía, se produce una metamorfosis: el hermano que deberíamos proteger y amar se convierte en el adversario a combatir, suprimir. ¡Cuánta violencia se genera en ese momento, cuántos conflictos, cuántas guerras han jalonado nuestra historia! Basta ver el sufrimiento de tantos hermanos y hermanas. No se trata de algo coyuntural, sino que es verdad: en cada agresión y en cada guerra hacemos renacer a Caín. ¡Todos nosotros! Y también hoy prolongamos esta historia de enfrentamiento entre hermanos, también hoy levantamos la mano contra quien es nuestro hermano. También hoy nos dejamos llevar por los ídolos, por el egoísmo, por nuestros intereses; y esta actitud va a más: hemos perfeccionado nuestras armas, nuestra conciencia se ha adormecido, hemos hecho más sutiles nuestras razones para justificarnos. Como si fuese algo normal, seguimos sembrando destrucción, dolor, muerte. La violencia, la guerra traen sólo muerte, hablan de muerte. La violencia y la guerra utilizan el lenguaje de la muerte.

El culto del dios dinero

Lo que manda hoy no es el hombre: es el dinero, el dinero; la moneda manda. Y la tarea de custodiar la tierra, Dios Nuestro Padre la ha dado no al dinero, sino a nosotros: a los hombres y a las mujeres, ¡nosotros tenemos este deber! En cambio hombres y mujeres son sacrificados a los ídolos del beneficio y del consumo: es la «cultura del descarte». Si se estropea una computadora es una tragedia, pero la pobreza, las necesidades, los dramas de tantas personas acaban por entrar en la normalidad. Si una noche de invierno, aquí cerca, en la vía Ottaviano por ejemplo, muere una persona, eso no es noticia. Si en tantas partes del mundo hay niños que no tienen qué comer, eso no es noticia, parece normal. ¡No puede ser así! Con todo, estas cosas entran en la normalidad: que algunas personas sin techo mueren de frío en la calle no es noticia. Al contrario, una bajada de diez puntos en las bolsas de algunas ciudades constituye una tragedia. Alguien que muere no es una noticia, ¡pero si bajan diez puntos las bolsas es una tragedia! Así las personas son descartadas, como si fueran residuos.

Esta «cultura del descarte» tiende a convertirse en mentalidad común, que contagia a todos. La vida humana, la persona, ya no es percibida como valor primario que hay que respetar y tutelar, especialmente si es pobre o discapacitada, si no sirve todavía —como el nascituro— o si ya no sirve —como el anciano—. Esta cultura del descarte nos ha hecho insensibles también al derroche y al desperdicio de alimentos, cosa aún más deplorable cuando en cualquier lugar del mundo, lamentablemente, muchas personas y familias sufren hambre y malnutrición. En otro tiempo nuestros abuelos cuidaban mucho que no se tirara nada de comida sobrante. El consumismo nos ha inducido a acostumbrarnos a lo superfluo y al desperdicio cotidiano de alimento, al cual a veces ya no somos capaces de dar el justo valor, que va más allá de los meros parámetros económicos. ¡Pero recordemos bien que el alimento que se desecha es como si se robara de la mesa del pobre, de quien tiene hambre! Invito a todos a reflexionar sobre el problema de la pérdida y del desperdicio del alimento a fin de identificar vías y modos que, afrontando seriamente tal problemática, sean vehículo de solidaridad y de compartición con los más necesitados.

La lepra del carrerismo

¿Qué significa tener libertad interior?

Ante todo significa estar libres de proyectos personales, estar libres de proyectos personales, de algunas de las modalidades concretas con las que tal vez, un día, habíais pensado vivir vuestro sacerdocio, de la posibilidad de programar el futuro; de la perspectiva de permanecer largo tiempo en «vuestro» lugar de acción pastoral. Significa, en cierto modo, llegar a ser libres también respecto a la cultura y a la mentalidad de la cual procedéis, no para olvidarla y mucho menos para negarla, sino para abriros, en la caridad, a la comprensión de culturas diversas y al encuentro con hombres que pertenecen a mundos incluso muy lejanos del vuestro. Sobre todo, significa velar para estar libres de ambiciones o miras personales, que tanto mal pueden causar a la Iglesia, teniendo cuidado de poner siempre en primer lugar no vuestra realización, o el reconocimiento que podríais recibir dentro y fuera de la comunidad eclesial, sino el bien superior de la causa del Evangelio y la realización de la misión que se os confiará. Y este estar libres de ambiciones o miras personales, para mí, es importante, es importante. El carrerismo es una lepra, una lepra. Por favor: nada de carrerismo. Por este motivo debéis estar dispuestos a integrar vuestra visión de la Iglesia, incluso legítima, toda idea personal o juicio, en el horizonte de la mirada de Pedro y de su peculiar misión al servicio de la comunión y de la unidad del rebaño de Cristo, de su caridad pastoral, que abraza a todo el mundo y que, también gracias a la acción de las representaciones pontificias, quiere hacerse presente sobre todo en aquellos lugares, a menudo olvidados, donde son mayores las necesidades de la Iglesia y de la humanidad.

Desvestirse del espíritu mundano

En ocasión de mi visita a Asís por la fiesta de san Francisco, en los periódicos, en los medios de comunicación, se fantaseaba. «El Papa irá a despojar a la Iglesia, ¡allí!». «¿De qué despojará a la Iglesia?». «Despojará los hábitos de los obispos, de los cardenales; se despojará él mismo». Esta es una buena ocasión para hacer una invitación a la Iglesia a despojarse. ¡Pero la Iglesia somos todos! ¡Todos! Desde el primer bautizado, todos somos Iglesia y todos debemos ir por el camino de Jesús, que recorrió un camino de despojamiento, Él mismo. Se hizo siervo, servidor; quiso ser humillado hasta la Cruz. Y si nosotros queremos ser cristianos, no hay otro camino. ¿Pero no podemos hacer un cristianismo un poco más humano —dicen—, sin cruz, sin Jesús, sin despojamiento? ¡De este modo nos volveríamos cristianos de pastelería, como buenas tartas, como buenas cosas dulces! Muy bonito, ¡pero no cristianos de verdad! Alguno dirá: «¿Pero de qué debe despojarse la Iglesia?». Debe despojarse hoy de un peligro gravísimo, que amenaza a cada persona en la Iglesia, a todos: el peligro de la mundanidad. El cristiano no puede convivir con el espíritu mundano. La mundanidad que nos lleva a la vanidad, a la prepotencia, al orgullo. Y esto es un ídolo, no es Dios. ¡Es un ídolo! ¡Y la idolatría es el pecado más fuerte!

Cuando en los medios de comunicación se habla de la Iglesia, creen que la Iglesia son los sacerdotes, las religiosas, los obispos, los cardenales y el Papa. Pero la Iglesia somos todos nosotros, como he dicho. Y todos nosotros debemos despojarnos de esta mundanidad: el espíritu contrario al espíritu de las bienaventuranzas, el espíritu contrario al espíritu de Jesús. La mundanidad nos hace daño. Es muy triste encontrar a un cristiano mundano, seguro —según él— de esa seguridad que le da la fe y seguro de la seguridad que le da el mundo. No se puede obrar en las dos partes. La Iglesia —todos nosotros— debe despojarse de la mundanidad, que la lleva a la vanidad, al orgullo, que es la idolatría.

Jesús mismo nos decía: «No se puede servir a dos señores: o sirves a Dios o sirves al dinero» (cf. Mt 6, 24). En el dinero estaba todo este espíritu mundano; dinero, vanidad, orgullo, ese camino... nosotros no podemos... es triste borrar con una mano lo que escribimos con la otra. ¡El Evangelio es el Evangelio! ¡Dios es único! Y Jesús se hizo servidor por nosotros y el espíritu mundano no tiene que ver aquí. Hoy estoy aquí con vosotros. Muchos de vosotros han sido despojados por este mundo salvaje, que no da trabajo, que no ayuda; al que no le importa si hay niños que mueren de hambre en el mundo; no le importa si muchas familias no tienen para comer, no tienen la dignidad de llevar pan a casa; no le importa que mucha gente tenga que huir de la esclavitud, del hambre, y huir buscando la libertad. Con cuánto dolor, muchas veces, vemos que encuentran la muerte, como ha ocurrido ayer en Lampedusa: ¡hoy es un día de llanto! Estas cosas las hace el espíritu mundano. Es ciertamente ridículo que un cristiano —un cristiano verdadero—, que un sacerdote, una religiosa, un obispo, un cardenal, un Papa, quieran ir por el camino de esta mundanidad, que es una actitud homicida. ¡La mundanidad espiritual mata! ¡Mata el alma! ¡Mata a las personas! ¡Mata a la Iglesia!

IX

LA CULTURA DEL BIEN

Libres para escoger el bien

Desearía deciros, ante todo, una cosa que se refiere a san Ignacio de Loyola, nuestro fundador. En otoño de 1537, de camino a Roma con el grupo de sus primeros compañeros, se interrogó: si nos preguntan quiénes somos, ¿qué responderemos? Surge espontánea la respuesta: «Diremos que somos la "Compañía de Jesús"» (*Fontes Narrativi Societatis Iesu*, vol. 1, pp. 320-322). Un nombre comprometedor, que quería indicar una relación de estrechísima amistad, de afecto total hacia Jesús, de quien querían seguir sus huellas. ¿Por qué os he querido contar este hecho? Porque san Ignacio y sus compañeros habían entendido que Jesús les enseñaba cómo vivir bien, cómo realizar una existencia que tuviera un sentido profundo, que done entusiasmo, alegría y esperanza; habían comprendido que Jesús es un gran maestro de vida y un modelo de vida, y que no sólo les enseñaba, sino que les invitaba también a seguirle por este camino.

Queridos jóvenes, si ahora os hiciera esta pregunta: ¿por qué vais a la escuela? ¿Qué me responderíais? Probablemente habría muchas respuestas según la sensibilidad de cada uno. Pero pienso que se podría resumir todo diciendo que la escuela es uno de los ambientes educativos en los que se crece para aprender a vivir, para llegar a ser hombres y mujeres adultos y maduros, capaces de caminar, de recorrer el camino de la vida. ¿Cómo os ayuda la escuela a crecer? Os ayuda no sólo en el desarrollo de vuestra inteligencia, sino para una formación integral de todos los componentes de vuestra personalidad.

Siguiendo esto que nos enseña san Ignacio, el elemento principal en la escuela es aprender a ser magnánimos. La magnanimidad: esta virtud del grande y del pequeño (*Non coerceri maximo contineri minimo, divinum est*), que nos hace mirar siempre al horizonte. ¿Qué quiere decir ser magnánimos? Significa tener el corazón grande, tener grandeza de ánimo, quiere decir tener grandes ideales, el deseo de realizar grandes cosas para responder a lo que Dios nos pide, y precisamente por esto realizar bien las cosas de cada día, todas las acciones cotidianas, las obligaciones, los encuentros con las personas; hacer las cosas pequeñas de cada día con un corazón grande abierto a Dios y a los demás. Es importante entonces cuidar la formación humana que tiene como fin la magnanimidad. La escuela no amplía sólo vuestra dimensión intelectual, sino también humana. Y pienso que las escuelas de los jesuitas están atentas de modo particular a desarrollar las virtudes humanas: la lealtad, el respeto, la fidelidad, el compromiso. Desearía detenerme en dos valores fundamentales: la libertad y el servicio. Ante todo: sed personas libres. ¿Qué es lo que quiero decir? Tal vez se piensa que la libertad es hacer todo aquello que se quiere; o bien arriesgarse en experiencias-límite para probar la exaltación y vencer el aburrimiento. Esto no es la libertad. Libertad quiere decir saber reflexionar acerca de lo que hacemos, saber valorar lo que está bien y lo que está mal, los comportamientos que nos hacen crecer; quiere decir elegir siempre el bien. Nosotros somos libres para el bien. Y en esto no tengáis miedo de ir a contracorriente, incluso si no es fácil. Ser libres para elegir siempre el bien es fatigoso, pero os hará personas rectas, que saben afrontar la vida, personas con valentía y paciencia (*parresia e ypomoné*).

La segunda palabra es servicio. En vuestras escuelas participáis en varias actividades que os habitúan a no cerraros en vosotros mismos o en vuestro pequeño mundo, sino a abriros a los demás, especialmente a los más pobres y necesitados, a trabajar por mejorar el mundo en el que vivimos. Sed hombres y mujeres con los demás y para los demás, verdaderos modelos en el servicio a los demás.

Para ser magnánimos con libertad interior y espíritu de servicio es necesaria la formación espiritual. Queridos muchachos, queridos jóvenes, ¡amad cada vez más a Jesucristo! Nuestra vida es una respuesta a su llamada y vosotros seréis felices y construiréis bien vuestra vida si sabréis responder a esta llamada. Percibid la presencia del Señor en vuestra vida. Él está cerca a cada uno de vosotros como compañero, como amigo, que os sabe ayudar y comprender, os alienta en los momentos difíciles y nunca os abandona. En la oración, en el diálogo con Él, en la lectura de la Biblia, descubriréis que Él está realmente cerca de vosotros. Y aprended también a leer los signos de Dios en vuestra vida. Él nos habla siempre, incluso a través de los hechos de nuestro tiempo y de nuestra existencia de cada día. Está en nosotros escucharle.

Hambre de dignidad

Especialmente las personas más sencillas pueden dar al mundo una valiosa lección de solidaridad, una palabra —esta palabra solidaridad— a menudo olvidada u omitida, porque es incómoda. Casi da la impresión de una palabra rara... solidaridad. Me gustaría hacer un llamamiento a quienes tienen más recursos, a los poderes públicos y a todos los hombres de buena voluntad comprometidos en la justicia social: que no se cansen de trabajar por un mundo más justo y más solidario. Nadie puede permanecer indiferente ante las desigualdades que aún existen en el mundo. Que cada uno, según sus posibilidades y responsabilidades, ofrezca su contribución para poner fin a tantas injusticias sociales. No es, no es la cultura del egoísmo, del individualismo, que muchas veces regula nuestra sociedad, la que construye y lleva a un mundo más habitable; no es ésta, sino la cultura de la solidaridad; la cultura de la solidaridad no es ver en el otro un competidor o un número, sino un hermano. Y todos nosotros somos hermanos.

Deseo alentar los esfuerzos que la sociedad brasileña está haciendo para integrar todas las partes de su cuerpo, incluidas las que más sufren o están necesitadas, a través de la lucha contra el hambre y la miseria. Ningún esfuerzo de «pacificación» será duradero, ni habrá armonía y felicidad para una sociedad que ignora, que margina y abandona en la periferia una parte de sí misma. Una sociedad así, simplemente se empobrece a sí misma; más aún, pierde algo que es esencial para ella. No dejemos, no dejemos entrar en nuestro corazón la cultura del descarte. No dejemos entrar en nuestro corazón la cultura del descarte, porque somos hermanos. No hay que descartar a nadie. Recordémoslo siempre: sólo cuando se es capaz de compartir, llega la verdadera riqueza; todo lo que se comparte se multiplica. Pensemos en la multiplicación de los panes de Jesús. La medida de la grandeza de una sociedad está determinada por la forma en que trata a quien está más necesitado, a quien no tiene más que su pobreza.

También quisiera decir que la Iglesia, «abogada de la justicia y defensora de los pobres ante intolerables desigualdades sociales y económicas, que claman al cielo» (*Documento de Aparecida*, 395), desea ofrecer su colaboración a toda iniciativa que pueda significar un verdadero desarrollo de cada hombre y de todo el hombre. Queridos amigos, ciertamente es necesario dar pan a quien tiene hambre; es un acto de justicia. Pero hay también un hambre más profunda, el hambre de una felicidad que sólo Dios puede saciar. Hambre de dignidad. No hay una verdadera promoción del bien común, ni un verdadero desarrollo del hombre, cuando se ignoran los pilares fundamentales que sostienen una nación, sus bienes inmateriales: la *vida*, que es un don de Dios, un valor que siempre se ha de tutelar y promover; la *familia*, fundamento de la convivencia y remedio contra la desintegración social; la *educación integral*, que no se reduce a una simple transmisión de información con el objetivo de producir ganancias; la salud, que debe buscar el bienestar integral de la persona, incluyendo la dimensión espiritual, esencial para el equilibrio humano y una sana convivencia; la *seguridad*, en la convicción de que la violencia sólo se puede vencer partiendo del cambio del corazón humano.

Quisiera decir una última cosa, una última cosa. Aquí, como en todo Brasil, hay muchos jóvenes. Jóvenes, queridos jóvenes, ustedes tienen una especial sensibilidad ante la injusticia, pero a menudo se sienten defraudados por los casos de corrupción, por las personas que, en lugar de buscar el bien común, persiguen su propio interés. A ustedes y a todos les repito: nunca se desanimen, no pierdan la confianza, no dejen que la esperanza se apague. La realidad puede cambiar, el hombre puede cambiar. Sean los primeros en tratar de hacer el bien, de no habituarse al mal, sino a vencerlo con el bien. La Iglesia los acompaña ofreciéndoles el don precioso de la fe, de Jesucristo, que ha «venido para que tengan vida y la tengan abundante» (Jn 10,10).

El compromiso con la paz

Como responsables de las diversas religiones podemos hacer mucho. La paz es responsabilidad de todos. Rezar por la paz, trabajar por la paz. Un líder religioso es siempre hombre o mujer de paz, porque el mandamiento de la paz está inscrito en lo profundo de las tradiciones religiosas que representamos. ¿Pero qué podemos hacer? Vuestro encuentro de cada año nos sugiere el camino: la valentía del diálogo. Este valor, este diálogo nos da esperanza. No tiene nada que ver con el optimismo, es otra cosa. ¡Esperanza! En el mundo, en las sociedades, hay poca paz también porque falta el diálogo, le cuesta salir del estrecho horizonte de los propios intereses para abrirse a una confrontación auténtica y sincera. Para la paz se necesita un diálogo tenaz, paciente, fuerte, inteligente, para el cual nada está perdido. El diálogo puede ganar la guerra. El diálogo permite vivir juntas a personas de diferentes generaciones, que a menudo se ignoran; permite vivir juntos a ciudadanos de diversas procedencias étnicas, de diversas convicciones. El diálogo es la vía de la paz. Porque el diálogo favorece el entendimiento, la armonía, la concordia, la paz. Por ello es vital que crezca, que se extienda entre la gente de cada condición y convicción como una red de paz que protege el mundo, y sobre todo protege a los más débiles.

Los líderes religiosos estamos llamados a ser auténticos «dialogantes», a trabajar en la construcción de la paz no como intermediarios, sino como auténticos mediadores. Los intermediarios buscan agradar a todas las partes, con el fin de obtener una ganancia para ellos mismos. El mediador, en cambio, es quien no se guarda nada para sí mismo, sino que se entrega generosamente, hasta consumirse, sabiendo que la única ganancia es la de la paz. Cada uno de nosotros está llamado a ser un artesano de la paz, uniendo y no dividiendo, extinguiendo el odio y no conservándolo, abriendo las sendas del diálogo y no levantando nuevos muros. Dialogar, encontrarnos para instaurar en el mundo la cultura del diálogo, la cultura del encuentro.

Para una nueva solidaridad

¿Qué significa «repensar la solidaridad»?. Ciertamente no significa poner en tela de juicio el magisterio reciente, que, es más, demuestra cada vez mejor su clarividencia y actualidad. Más bien «repensar» me parece que significa dos cosas: ante todo conjugar el magisterio con la evolución socioeconómica, que, al ser constante y rápida, presenta aspectos siempre nuevos. En segundo lugar, «repensar» quiere decir profundizar, reflexionar ulteriormente, para hacer emerger toda la fecundidad de un valor —la solidaridad, en este caso— que en profundidad se nutre del Evangelio, es decir, de Jesucristo, y, por lo tanto, como tal contiene potencialidades inagotables.

La actual crisis económica y social hace aún más urgente este «repensar» y pone más de relieve la verdad y actualidad de afirmaciones del magisterio social como la que leemos en la *Laborem exercens*: «Echando una mirada sobre la familia humana entera... no se puede menos de quedar impresionados ante un hecho desconcertante de grandes proporciones, es decir, el hecho de que, mientras por una parte siguen sin utilizarse conspicuos recursos de la naturaleza, existen por otra grupos enteros de desocupados o subocupados y un sinfín de multitudes hambrientas: un hecho que atestigua sin duda el que... hay algo que no funciona» (n. 18). Es un fenómeno, el del desempleo —de la falta y de la pérdida del trabajo—, que está cundiendo como mancha de aceite en amplias zonas de Occidente y está extendiendo de modo preocupante los confines de la pobreza. Y no existe peor pobreza material, me urge subrayarlo, que la que no permite ganarse el pan y priva de la dignidad del trabajo. Ahora, este «algo que no funciona» no se refiere sólo al sur del mundo, sino a todo el planeta. He aquí entonces la exigencia de «repensar la solidaridad» ya no como simple asistencia con respecto a los más pobres, sino como repensamiento global de todo el sistema, como búsqueda de caminos para reformarlo y corregirlo de modo coherente con los derechos fundamentales del hombre, de todos los hombres. A esta palabra «solidaridad», no bien vista por el mundo económico —como si fuera una mala palabra—, es necesario volver a dar su merecida ciudadanía social. La solidaridad no es una actitud más, no es una limosna social, sino que es un valor social. Y nos pide su ciudadanía.

La crisis actual no es sólo económica y financiera, sino que hunde las raíces en una crisis ética y antropológica.

Seguir los ídolos del poder, del beneficio, del dinero, por encima del valor de la persona humana, se ha convertido en norma fundamental de funcionamiento y criterio decisivo de organización. Se ha olvidado y se olvida aún hoy que por encima de los asuntos de la lógica y de los parámetros de mercado está el ser humano, y hay algo que se debe al hombre en cuanto hombre, en virtud de su dignidad profunda: ofrecerle la posibilidad de vivir dignamente y participar activamente en el bien común.

MARÍA, MADRE DE LA EVANGELIZACIÓN

Su ejemplo

Tres palabras sintetizan la actitud de María: escucha, decisión, acción; escucha, decisión, acción. Palabras que indican un camino también para nosotros ante lo que nos pide el Señor en la vida. Escucha, decisión, acción.

1. Escucha. ¿De dónde nace el gesto de María de ir a casa de su pariente Isabel? De una palabra del Ángel de Dios: «También tu pariente Isabel ha concebido un hijo en su vejez...» (Lc 1, 36). María sabe escuchar a Dios. Atención: no es un simple «oír», un oír superficial, sino que es la «escucha» hecha de atención, acogida, disponibilidad hacia Dios. No es el modo distraído con el que muchas veces nos ponemos delante del Señor o de

165

los demás: oímos las palabras, pero no escuchamos de verdad. María está atenta a Dios, escucha a Dios.

Pero María escucha también los hechos, es decir, lee los acontecimientos de su vida, está atenta a la realidad concreta y no se detiene en la superficie, sino que va a lo profundo, para captar el significado. Su pariente Isabel, que ya es anciana, espera un hijo: éste es el hecho. Pero María está atenta al significado, lo sabe captar: «Para Dios nada hay imposible» (Lc 1, 37).

Esto vale también en nuestra vida: escucha de Dios que nos habla, y escucha también las realidades cotidianas: atención a las personas, a los hechos, porque el Señor está a la puerta de nuestra vida y llama de muchas formas, pone signos en nuestro camino; nos da la capacidad de verlos. María es la madre de la escucha, escucha atenta de Dios y escucha igualmente atenta a los acontecimientos de la vida.

2. La segunda palabra: decisión. María no vive «deprisa», con angustia, pero, como pone de relieve san Lucas, «meditaba todas estas cosas en su corazón» (cf. Lc 2, 19.51). E incluso en el momento decisivo de la Anunciación del Ángel, Ella pregunta: «¿Cómo será eso?» (Lc 1, 34). Pero no se detiene ni siquiera en el momento de la reflexión; da un paso adelante: decide. No

166

vive deprisa, sino sólo cuando es necesario «va deprisa». María no se deja arrastrar por los acontecimientos, no evita la fatiga de la decisión. Y esto se da tanto en la elección fundamental que cambiará su vida: «Heme aquí, soy la esclava del Señor...» (cf. Lc 1, 38), como en las elecciones más cotidianas, pero ricas también de significado. Me viene a la mente el episodio de las bodas de Caná (cf. Jn 2, 1-11): también aquí se ve el realismo, la humanidad, el modo concreto de María, que está atenta a los hechos, a los problemas; ve y comprende la dificultad de los dos jóvenes esposos a quienes falta el vino en la fiesta, reflexiona y sabe que Jesús puede hacer algo, y decide dirigirse al Hijo para que intervenga: «No tienen vino» (cf. v. 3). Decide.

En la vida es difícil tomar decisiones, a menudo tendemos a postergarlas, a dejar que otros decidan en nuestro lugar, con frecuencia preferimos dejarnos arrastrar por los acontecimientos, seguir la moda del momento; a veces sabemos lo que debemos hacer, pero no tenemos la valentía o nos parece demasiado difícil porque significa ir a contracorriente. María en la Anunciación, en la Visitación, en las bodas de Caná va a contracorriente, María va a contracorriente; se pone a la escucha de Dios, reflexiona y trata de comprender la realidad, y decide abandonarse totalmente a Dios, decide visitar, incluso estando encinta, a la anciana pariente; decide encomendarse al Hijo con insistencia para salvar la alegría de la boda.

3. La tercera palabra: acción. María se puso en camino y «fue de prisa...» (cf. Lc 1, 39). El domingo pasado ponía de relieve este modo de obrar de María: a pesar de las dificultades, las críticas recibidas por su decisión de ponerse en camino, no se detiene ante nada. Y parte «deprisa». En la oración, ante Dios que habla, al reflexionar y meditar acerca de los hechos de su vida, María no tiene prisa, no se deja atrapar por el momento, no se deja arrastrar por los acontecimientos. Pero cuando tiene claro lo que Dios le pide, lo que debe hacer, no se detiene, no se demora, sino que va «deprisa». San Ambrosio comenta: «La gracia del Espíritu Santo no comporta lentitud» (*Expos. Evang. sec. Lucam*, II, 19: PL 15, 1560). La acción de María es una consecuencia de su obediencia a las palabras del Ángel, pero unida a la caridad: acude a Isabel para ponerse a su servicio; y en este salir de su casa, de sí misma, por amor, lleva cuanto tiene de más valioso: a Jesús; lleva al Hijo.

Algunas veces, también nosotros nos detenemos a escuchar, a reflexionar sobre lo que debemos hacer, tal vez tenemos incluso clara la decisión que tenemos que tomar, pero no damos el paso a la acción. Sobre todo no nos ponemos en juego nosotros mismos moviéndonos «de prisa» hacia los demás para llevarles nuestra ayuda, nuestra comprensión, nuestra caridad; para llevar también nosotros, como María, lo que tenemos de más valioso y que hemos recibido, Jesús y su Evangelio, con la palabra y sobre todo con el testimonio concreto de nuestro obrar.

María, la mujer de la escucha, de la decisión, de la acción.

Su fe

Podemos preguntarnos: ¿Cómo es la fe de María?

1. El primer elemento de su fe es éste: La fe de María desata el nudo del pecado (cf. Conc. Ecum. Vat II, Const. dogm., *Lumen gentium*, 56). ¿Qué significa esto? Los Padres conciliares [del Vaticano II] han tomado una expresión de san Ireneo que dice así: «El nudo de la desobediencia de Eva lo desató la obediencia de María. Lo que ató la virgen Eva por su falta de fe, lo desató la Virgen María por su fe» (*Adversus Haereses*, III, 22, 4).

El «nudo» de la desobediencia, el «nudo» de la incredulidad. Cuando un niño desobedece a su madre o a su padre, podríamos decir que se forma un pequeño «nudo». Esto sucede si el niño actúa dándose cuenta de lo que hace, especialmente si hay de por medio una mentira; en ese momento no se fía de la mamá o del papá. Ustedes saben cuántas veces pasa esto. Entonces, la relación con los padres necesita ser limpiada de esta falta y, de hecho, se pide perdón para que haya de nuevo armonía y confianza. Algo parecido ocurre en nuestras relaciones con Dios. Cuando no lo escuchamos, no seguimos su voluntad, cometemos actos concretos en los que mostramos falta de confianza en él –y esto es pecado–, se forma como un nudo en nuestra interioridad. Y estos nudos nos quitan la paz y la serenidad. Son peligrosos, porque varios nudos pueden convertirse en una madeja, que siempre es más doloroso y más difícil de deshacer.

Pero para la misericordia de Dios –lo sabemos– nada es imposible. Hasta los nudos más enredados se deshacen con su gracia. Y María, que con su «sí» ha abierto la puerta a Dios para deshacer el nudo de la antigua desobediencia, es la madre que con paciencia y ternura nos lleva a Dios, para que él desate los nudos de nuestra alma con su misericordia de Padre. Todos nosotros tenemos alguno, y podemos preguntarnos en nuestro corazón: ¿Cuáles son los nudos que hay en mi vida? «Padre, los míos no se pueden desatar». Pero eso es un error. Todos los nudos del corazón, todos los nudos de la conciencia se pueden deshacer. ¿Pido a María que me ayude a tener confianza en la misericordia de Dios para deshacerlos, para cambiar? Ella, mujer de fe, sin duda nos dirá: «Vete adelante, ve donde el Señor: Él comprende». Y ella nos lleva de la mano, Madre, Madre, hacia el abrazo del Padre, del Padre de la misericordia.

2. Segundo elemento: la fe de María da carne humana a Jesús. Dice el Concilio: «Por su fe y obediencia engendró en la tierra al Hijo mismo del Padre, ciertamente sin conocer varón, cubierta con la sombra del Espíritu Santo» (Const. dogm., *Lumen gentium*, 63). Este es un punto sobre el que los Padres de la Iglesia han insistido mucho: María ha concebido a Jesús en la fe, y después en la carne, cuando ha dicho «sí» al anuncio que Dios le ha dirigido mediante el ángel. ¿Qué quiere decir esto? Que Dios no ha querido hacerse hombre ignorando nuestra libertad, ha querido pasar a través del libre consentimiento de María, a través de su «sí». Le ha preguntado: «¿Estás dispuesta a esto? Y ella ha dicho: «sí».

Pero lo que ha ocurrido en la Virgen Madre de manera única, también nos sucede a nosotros en el plano espiritual cuando acogemos la Palabra de Dios con corazón bueno y sincero y la ponemos en práctica. Es como si Dios adquiriera carne en nosotros. Él viene a habitar en nosotros, porque toma morada en aquellos que le aman y cumplen su Palabra. No es fácil entender esto, pero, sí, es fácil sentirlo en el corazón.

¿Pensamos que la encarnación de Jesús es sólo algo del pasado, que no nos concierne personalmente? Creer en Jesús significa ofrecerle nuestra carne, con la humildad y el valor de María, para que él pueda seguir habitando en medio de los hombres; significa ofrecerle nuestras manos para acariciar a los pequeños y a los pobres; nuestros pies para salir al encuentro de los hermanos; nuestros brazos para sostener a quien es débil y para trabajar en la viña del Señor; nuestra mente para pensar y hacer proyectos a la luz del Evangelio; y, sobre todo, nuestro corazón para amar y tomar decisiones según la voluntad de Dios. Todo esto acontece gracias a la acción del Espíritu Santo. Y, así, somos los instrumentos de Dios para que Jesús actúe en el mundo a través de nosotros.

3. Y el último elemento es la fe de María como camino: El Concilio afirma que María «avanzó en la peregrinación

de la fe» (ibíd., 58). Por eso ella nos precede en esta peregrinación, nos acompaña, nos sostiene.

¿En qué sentido la fe de María ha sido un camino? En el sentido de que toda su vida fue un seguir a su Hijo: él –Jesús– es la vía, él es el camino. Progresar en la fe, avanzar en esta peregrinación espiritual que es la fe, no es sino seguir a Jesús; escucharlo, y dejarse guiar por sus palabras; ver cómo se comporta él y poner nuestros pies en sus huellas, tener sus mismos sentimientos y actitudes. Y, ¿cuáles son los sentimientos y actitudes de Jesús?: Humildad, misericordia, cercanía, pero también un firme rechazo de la hipocresía, de la doblez, de la idolatría. La vía de Jesús es la del amor fiel hasta el final, hasta el sacrificio de la vida; es la vía de la cruz. Por eso, el camino de la fe pasa a través de la cruz, y María lo entendió desde el principio, cuando Herodes quiso matar a Jesús recién nacido. Pero después, esta cruz se hizo más pesada, cuando Jesús fue rechazado: María siempre estaba con Jesús, seguía a Jesús mezclada con el pueblo, y oía sus cháchara, la odiosidad de aquellos que no querían a Jesús. Y esta cruz, ella la ha llevado. La fe de María afrontó entonces la incomprensión y el desprecio. Cuando llegó la «hora» de Jesús, esto es, la hora de la pasión, la fe de María fue entonces la lamparilla encendida en la noche, esa lamparilla en plena noche. María veló durante la noche del sábado santo. Su llama, pequeña pero clara, estuvo encendida hasta el alba de la Resurrección; y cuando le llegó la noticia de que el sepulcro estaba vacío, su corazón quedó henchido de la alegría de la fe, la fe cristiana en la muerte y resurrección de Jesucristo. Porque la fe siempre nos lleva a la alegría, y ella es la Madre de la alegría. Que ella nos enseñe a caminar por este camino de la alegría y a vivir esta alegría. Este es el punto culminante –esta alegría, este encuentro entre Jesús y María–, pero imaginemos cómo fue... Este encuentro es el punto culminante del camino de la fe de María y de toda la Iglesia. ¿Cómo es nuestra fe? ¿La tenemos encendida, como María, también en los momentos difíciles, los momentos de oscuridad? ¿He sentido la alegría de la fe?

Su intercesión

En la cruz, cuando Cristo sufría en su carne el dramático encuentro entre el pecado del mundo y la misericordia divina, pudo ver a sus pies la consoladora presencia de la Madre y del amigo. En ese crucial instante, antes de dar por consumada la obra que el Padre le había encargado, Jesús le dijo a María: «Mujer, ahí tienes a tu hijo». Luego le dijo al amigo amado: «Ahí tienes a tu madre» (Jn 19,26-27). Estas palabras de Jesús al borde de la muerte no expresan primeramente una preocupación piadosa hacia su madre, sino que son más bien una fórmula de revelación que manifiesta el misterio de una especial misión salvífica. Jesús nos dejaba a su madre como madre nuestra. Sólo después de hacer esto Jesús pudo sentir que «todo está cumplido» (Jn 19,28). Al pie de la cruz, en la hora suprema de la nueva creación, Cristo nos lleva a María. Él nos lleva a ella, porque no quiere que caminemos sin una madre, y el pueblo lee en esa imagen materna todos los misterios del Evangelio. Al Señor no le agrada que falte a su Iglesia el icono femenino. Ella, que lo engendró con tanta fe, también acompaña «al resto de sus hijos, los que guardan los mandamientos de Dios y mantienen el testimonio de Jesús» (Ap 12,17). La íntima conexión entre María, la Iglesia y cada fiel, en cuanto que, de diversas maneras, engendran a Cristo, ha sido bellamente expresada por el beato Isaac de Stella: «En las Escrituras divinamente inspiradas, lo que se entiende en general de la Iglesia, virgen y madre, se entiende en particular de la Virgen María [...] También se puede decir que cada alma fiel es esposa del Verbo de Dios, madre de Cristo, hija y hermana, virgen y madre fecunda […] Cristo permaneció nueve meses en el seno de María; permanecerá en el tabernáculo de la fe de la Iglesia hasta la consumación de los siglos; y en el conocimiento y en el amor del alma fiel por los siglos de los siglos».

María es la que sabe transformar una cueva de animales en la casa de Jesús, con unos pobres pañales y una montaña de ternura. Ella es la esclavita del Padre que se estremece en la alabanza. Ella es la amiga siempre atenta para que no falte el vino en nuestras vidas. Ella es la del corazón abierto por la espada, que comprende todas las penas. Como madre de todos, es signo de esperanza para los pueblos que sufren dolores de parto hasta que brote la justicia. Ella es la misionera que se acerca a nosotros para acompañarnos por la vida, abriendo los corazones a la fe con su cariño materno. Como una verdadera madre, ella camina con nosotros, lucha con nosotros, y derrama incesantemente la cercanía del amor de Dios. A través de las distintas advocaciones marianas, ligadas generalmente a los santuarios, comparte las historias de cada pueblo que ha recibido el Evangelio, y entra a formar parte de su identidad histórica. Muchos padres cristianos piden el Bautismo para sus hijos en un santuario mariano, con lo cual manifiestan la fe en la acción maternal de María que engendra nuevos hijos para Dios. Es allí, en los santuarios, donde puede percibirse cómo María reúne a su alrededor a los hijos que peregrinan con mucho esfuerzo para mirarla y dejarse mirar por ella. Allí encuentran la fuerza de Dios para sobrellevar los sufrimientos y cansancios de la vida. Como a san Juan Diego, María les da la caricia de su consuelo maternal y les dice al oído: «No se turbe tu corazón […] ¿No estoy yo aquí, que soy tu Madre?».

A la Madre del Evangelio viviente le pedimos que interceda para que esta invitación a una nueva etapa evangelizadora sea acogida por toda la comunidad eclesial. Ella es la mujer de fe, que vive y camina en la fe, y «su excepcional peregrinación de la fe representa un punto de referencia constante para la Iglesia». Ella se dejó conducir por el Espíritu, en un itinerario de fe, hacia un destino de servicio y fecundidad. Nosotros hoy fijamos en ella la mirada, para que nos ayude a anunciar a todos el mensaje de salvación, y para que los nuevos discípulos se conviertan en agentes evangelizadores. En esta peregrinación evangelizadora no faltan las etapas de aridez, ocultamiento, y hasta cierta fatiga, como la que vivió María en los años de Nazaret, mientras Jesús crecía: «Éste es el comienzo del Evangelio, o sea de la buena y agradable nueva. No es difícil, pues, notar en este inicio una particular fatiga del corazón, unida a una especie de "noche de la fe" —usando una expresión de san Juan de la Cruz—, como un "velo" a través del cual hay que acercarse al Invisible y vivir en intimidad con el misterio. Pues de este modo María, durante muchos años, permaneció en intimidad con el misterio de su Hijo, y avanzaba en su itinerario de fe».

Hay un estilo mariano en la actividad evangelizadora de la Iglesia. Porque cada vez que miramos a María volvemos a creer en lo revolucionario de la ternura y del cariño. En ella vemos que la humildad y la ternura no son virtudes de los débiles sino de los fuertes, que no necesitan maltratar a otros para sentirse importantes. Mirándola descubrimos que la misma que alababa a Dios porque «derribó de su trono a los poderosos» y «despidió vacíos a los ricos» (Lc 1,52.53) es la que pone calidez de hogar en nuestra búsqueda de justicia. Es también la que conserva cuidadosamente «todas las cosas meditándolas en su corazón» (Lc 2,19). María sabe reconocer las huellas del Espíritu de Dios en los grandes acontecimientos y también en aquellos que parecen imperceptibles. Es contemplativa del misterio de

Dios en el mundo, en la historia y en la vida cotidiana de cada uno y de todos. Es la mujer orante y trabajadora en Nazaret, y también es nuestra Señora de la prontitud, la que sale de su pueblo para auxiliar a los demás «sin demora» (Lc 1,39). Esta dinámica de justicia y ternura, de contemplar y caminar hacia los demás, es lo que hace de ella un modelo eclesial para la evangelización. Le rogamos que con su oración maternal nos ayude para que la Iglesia llegue a ser una casa para muchos, una madre para todos los pueblos, y haga posible el nacimiento de un mundo nuevo. Es el Resucitado quien nos dice, con una potencia que nos llena de inmensa confianza y de firmísima esperanza: «Yo hago nuevas todas las cosas» (Ap 21,5). Con María avanzamos confiados hacia esta promesa.

CRONOLOGÍA ESENCIAL
DE LA VIDA

1936   *17 de diciembre.* Jorge Mario Bergoglio nace en Buenos
        Aires de una familia oriunda de Asti (Turín, Italia).

1957   Después de graduarse como licenciado en química,
        escoge la vía del sacerdocio y entra en el seminario dioc-
        esano de Villa Devoto.

1958   *11 de marzo.* Entra en el noviciado de la Compañía de
        Jesús y, dos años después, toma los primeros votos.

1969   *13 de diciembre.* Es ordenado sacerdote.

1973   *22 de abril.* Hace su juramento final como jesuita.
        31 de julio. Es nombrado Superior Provincial de los Jesui-
        tas en Argentina.

1980   Es nombrado rector del Colegio San José.

1992   *20 de mayo.* Es nombrado por Juan Pablo II obispo auxil-
        iar de Buenos Aires.

1993   *21 de diciembre.* Es nombrado vicario general de la ar-
        quidiócesis.

1997   3 de junio. Es promovido a arzobispo coadjutor de Buenos Aires y, al año siguiente, le nombran guía de la Arquidiócesis, volviéndose también primado de Argentina.

2001   *21 de febrero.* Es ordenado cardenal por Juan Pablo II.

2005   Participa en el cónclave en que eligen a Benedicto XVI.

2013   *13 de marzo.* Es elegido sumo pontífice y toma el nombre de Francisco: primer papa latinoamericano, primer papa jesuita, primer papa con el nombre de Francisco.

LISTADO DE LAS FUENTES

I
LA NOVEDAD DE CRISTO

El abrazo de la misericordia de Dios: Homilía para la toma de posesión de la «Cathedra romana», 7 de abril de 2013 (www.vatican.va).

La luz de la fe: Lumen fidei, 29 de junio de 2013, nn. 4 y 34 (www.vatican.va).

El mensaje cristiano: Homilía a la vigilia pascual, 30 de marzo de 2013 (www.vatican.va).

La revolución de la libertad: Discurso a los participantes del Congreso Eclesial de la diócesis de Roma, 17 de junio de 2013 (www.vatican.va).

Estar con Cristo: Discurso a los participantes al Congreso Internacional sobre la catequesis (www. vatican.va).

II
UNA IGLESIA POBRE PARA LOS POBRES

Escuchar el grito de los pobres: Evangelii gaudium, 24 de noviembre de 2013, nn. 186 – 188; 198 (www. vatican.va).

Casa de comunión: Audiencia general, 25 de septiembre de 2013 (www.vatican.va).

Casa que acoge a todos: Audiencia general, 2 de octubre de 2013 (www.vatican.va).

Casa de la armonía: Audiencia general, 9 de octubre de 2013 (www.vatican.va).

Enviada a llevar el Evangelio a todo el mundo: Audiencia general, 16 de octubre de 2013 (www.vatican.va).

LA IGLESIA DE LA MISERICORDIA

III
ESCUCHAR AL ESPÍRITU

Dejarse guiar por el Espíritu Santo: Audiencia general, 15 de mayo de 2013 (www.vatican.va).

Novedad, armonía, misión: Homilía en la solemnidad de Pentecostés, 19 de mayo de 2013 (www.vatican.va).

IV
EL ANUNCIO Y EL TESTIMONIO [TÍTULO A]

No tengas miedo: Regina Coeli, 14 de abril de 2013 (www.vatican.va).

Llevar la Palabra de Dios: Homilía a la misa en San Pablo Extramuros, 14 de abril de 2013 (www.vatican.va).

Llamados a anunciar el Evangelio: Homilía al encuentro con los obispos brasileños, 27 de julio de 2013 (www.vatican.va).

Comunicar esperanza y alegría: Homilía en el santuario de Aparacida, 24 de julio de 2013 (www.vatican.va).

Dar todo: Homilía a la Profesión de Fe con los obispos de la Conferencia Episcopal Italiana, 23 de mayo de 2013 (www.vatican.va).

V

CRISTIANOS A TIEMPO COMPLETO

Salir de sí mismos: Audiencia general, 27 de marzo de 2013 (www.vatican.va).

Caminar: Discurso al clero en la catedral de San Rufino en Asís, 4 de octubre de 2013 (www.vatican.va).

Tomar la cruz: Homilía en el Domingo de Ramos, 24 de marzo de 2013 (www.vatican.va).

Evangelizar: Audiencia general, 22 de mayo de 2013 (www.vatican.va).

VI
PASTORES CON OLOR A OVEJAS

Qué significa ser pastores: Discurso a los participantes al Congreso para los nuevos obispos, 19 de septiembre de 2013 (www.vatican.va).

Sacerdotes para servir: Homilía, 21 de abril de 2013 (www.vatican.va).

Llevar la unción al pueblo: Homilía en la Misa Crismal, 28 de marzo de 2013 (www.vatican.va).

VII
LA ELECCIÓN DE LOS ÚLTIMOS

Las periferias de la existencia: Conversatorio con los movimientos en la vigilia de Pentecostés, 18 de mayo de 2013 (www.vatican.va).

Acoger y servir: Discurso a la casa de acogida «Don de María», 21 de mayo de 2013 (www.vatican.va).

Los desarraigados de la vida: Discurso a la plenaria del Consejo Pontificio para la pastoral de los emigrantes e itinerantes, 24 de mayo de 2013 (www.vatican.va).

El vasto campo de la solidaridad: Discurso al Centro Astalli de Roma para el servicio a refugiados, 10 de septiembre de 2013 (www.vatican.va).

VIII
DEMOLER LOS ÍDOLOS

La lógica del poder y de la violencia: Homilía a la vigilia de oración por la paz, 7 de septiembre de 2013 (www.vatican.va).

El culto del dios dinero: Audiencia general, 5 de junio de 2013 (www.vatican.va).

La lepra del carrerismo: Discurso a la Academia Eclesiástica Pontificia, 6 de junio de 2013 (www.vatican.va).

Desvestirse del espíritu mundano: Discurso en la Sala de la Expoliación del Obispo de Asís, 4 de octubre de 2013 (www.vatican.va).

IX
LA CULTURA DEL BIEN

Libres para escoger el bien: Discurso a los estudiantes de las escuelas de los jesuitas, 7 de junio de 2013 (www.vatican.va).

Hambre de dignidad: Discurso a la comunidad de Varginha, Rio de Janeiro, 25 de julio de 2013 (www.vatican.va).

El compromiso con la paz: Discurso en el Encuentro internacional por la paz, 30 de septiembre de 2013 (www.vatican.va).

Para una nueva solidaridad: Discurso a la Fundación «Centesimus annus pro pontifice», 25 de mayo 2013 (www.vatican.va).

X
MARÍA, MADRE DE LA EVANGELIZACIÓN

Su ejemplo: Homilía a conclusión del mes mariano, 31 de mayo de 2013 (www.vatican.va).

Su fe: Oración mariana con ocasión del año de la fe, 12 de octubre de 2013 (www.vatican.va).

Su intercesión: Evangelii gaudium, 24 de noviembre de 2013, nn. 285-288 (www.vatican.va).